सखाराम बाइन्डर

सखाराम बाइन्डर

विजय तेंडुलकर

अनुवाद
सरोजिनी वर्मा

लोकभारती प्रकाशन

लोकभारती प्रकाशन
पहली मंजिल, दरबारी बिल्डिंग, महात्मा गांधी मार्ग
प्रयागराज-211 001

वेबसाइट : www.lokbhartiprakashan.com
ईमेल : info@lokbhartiprakashan.com

शाखाएँ : 1-बी, नेताजी सुभाष मार्ग, दरियागंज
नई दिल्ली-110 002
अशोक राजपथ, साइंस कॉलेज के सामने
पटना-800 006
1, अनमोल सोराबजी संतुक लेन, धोबी तलाव,
मरीन लाइंस, मुम्बई-400 002

पहला संस्करण : 1973
सातवाँ संस्करण : 2024

बी.के. ऑफसेट
नवीन शाहदरा, दिल्ली-110 032
द्वारा मुद्रित

SAKHARAM BINDER
Translated by Sarojini Verma

ISBN : 978-81-8031-560-2

मूल्य : ₹ 595

विजय भाई साहब और कंचन को

आखिर क्यों?

आखिर 'सखाराम बाइंडर' पर इतना होहल्ला क्यों?

महाराष्ट्र सरकार के सेन्सर ने इस नाटक पर प्रतिबन्ध लगाया; मुकदमेबाजी हुई–शोर मचा–फिर कोर्ट से प्रतिबन्ध हटाने का आदेश हुआ; सम्भ्रान्त आभिजात्य वर्ग ने पहले नाक-भौं सिकोड़ी फिर इस नाटक के दर्जनों प्रदर्शनों में अपने लिए सीटें बुक करायीं; अखबारों ने इसके पक्ष-विपक्ष दोनों तरफ टिप्पणियाँ जड़ीं; न्यस्त स्वार्थों ने नाटककार पर कीचड़ उछाला और उनके साथ 'समाज के नैतिक ठीकेदारों' ने शारीरिक हिंसा करने का दुःसाहस किया!

आखिर यह सब क्यों?

सम्भवतः इसीलिए कि रंगमंच के माध्यम से नाटककार विजय तेंडुलकर ने 'सखाराम बाइंडर' को इस तरह निर्मित किया कि वह गलाजत से भरी दिखावटी सम्भ्रान्तता को पहली बार इतने सक्षम ढंग से चुनौती देती है। रटे-रटाये मूल्यों को सखाराम ही नहीं इस नाटक के सारे पात्र अपनी पात्रता की खोज में ध्वस्त करते चले जाते हैं। जिन नकली मूल्यों को हम अपने ऊपर आडम्बर की तरह थोपकर चिकने-चुपड़े बने रहना चाहते हैं; उसे सही-सही इस आईने में निर्ममता से उघड़ता हुआ देखते हैं। 'सखाराम बाइंडर वही आईना है।

प्रचलित जीवन के मूल्यों को चुनौती देना अब तक केवल बड़े आदमियों का कार्य माना जाता था। सखाराम बाइंडर कोई बड़ा आदमी नहीं है। वह तो एक अत्यन्त साधारण प्राणी है किन्तु उसकी सामाजिकता या उसकी अपनी निजता जिस प्रकार नैतिकता की स्वीकृत मान्यताओं पर प्रश्न-चिह्न लगा देती है, वह अभूतपूर्व है। उसके जीवन के मूल्य तेंडुलकर के अनुसार–उसी के जीवन-आचरण से निःसृत होते हैं। वह कोई भी बाहरी मूल्य स्वीकार करने को तैयार नहीं है। यह भी सहज सम्भव है कि सखाराम अपने मुक्त यौनाचार को अपने जिन कंधों पर उठाकर चलना चाहता है सम्भवतः सक्षम रूप से उस भार को ढोने के लिए उसके कन्धे उतने मजबूत न दीखें! किन्तु उसके भीतर का एक आत्मविश्वास जिसके द्वारा वह अपने सही-गलत आचारण से सारे प्रतिमानों को लेकर खड़ा होता है–मैं समझती हूँ कि 'करनी' का इतना साहस भी आज के 'बकवासी कथनी युग' में अत्यन्त दुर्लभ है। सखाराम का महत्त्व इसी दृष्टि से है। जिन्दगी जैसी है उसे उसी ही रूप में सहज स्वीकार करके चलना और उस पर अपने ही आचरण की निजी मुहर लगा देना चाहे उससे अन्ततः एक निरर्थकता की ही उपलब्धि हाथ आये–समस्त सखारामों की नियति है।

नाटक का ऐसा खुलापन खेलनेवालों के लिए जितनी बड़ी चुनौती है, उससे कम देखनेवालों के लिए नहीं। भाषा के स्तर पर सारे पात्र बड़ी खुली और ऐसी बाजारूपन से संयुक्त भाषा का प्रयोग करते हैं जिन्हें हमने अकेले-दुकेले कभी सुना जरूर होगा। किन्तु उसे अपनी संस्कारिता का अंश मानने में सदैव कतराते रहे हैं। पूरे नाटक में कथावस्तु की विलक्षणता न होते हुए भी पात्रों का आपसी संयोजन भाषा के जिस स्तर पर नाटककार ने किया है, वही नाटकीयता को उभारने में अद्‌भुत रूप से सफल हुआ। प्रमाणस्वरूप बम्बई और दिल्ली-जैसे नगरों में इस नाटक के अनेकानेक प्रदर्शन हुए जिन्होंने प्रबुद्ध दर्शकवर्ग को मन्त्रमुग्ध रखा।

मुझे जब यह नाटक बम्बई से श्री सत्यदेव दुबे ने अनुवाद करने के लिए भेजा तो मेरे सामने भारी धर्म-संकट उपस्थित हुआ। मराठी वाङ्मय का बहुत-सा अनुवाद कर चुकी हूँ। तेंडुलकर के कई नाटक भी अनूदित कर चुकी थी किन्तु यह नाटक मेरी अपनी उत्तर प्रदेशीय-संस्कारित के

लिए सचमुच ही एक धर्म-संकट पैदा करता है। जैसा मैंने कहा है भाषा के स्तर पर नाटक अभिनेता, निर्देशक और दर्शक के लिए तो चुनौती है ही सबसे अधिक तो अनुवादक के लिए है। मराठी की इतनी बाजारू जनभाषा से परिचित होने के लिए उस वर्ग का सहज सम्पर्क चाहिए था। उसे हिन्दी में उतारने के लिए भी उसी दुःसाहस की अनिवार्यता थी। नाटक मेरे लिए हर तरह से चुनौती था। पहले हिम्मत छोड़ दी थी किन्तु नाटक देखनेवालों के उत्साह को देखकर मुझे अपनी उस 'तथाकथित संस्कारिता' को तिलांजलि देकर–*(कहूँ कि बेहया होकर!)* इस नाटक के साथ सर्जनात्मक स्तर पर जूझना पड़ा।

भाषा का चयन करते समय मैंने कई बातों का ध्यान रखा है। मूल मराठी में नाटककार को अपनी भाषा के साथ खेलने का जो सहज अधिकार प्राप्त है, वह तो मुझे हिन्दी में प्राप्त नहीं है और, जितना है भी उसका मैं पूरी तरह से उपयोग नहीं कर सकी। मुझे पात्रों की भाषा की ऐसी बनावट रखनी पड़ी जो हिन्दी होते हुए भी केवल हिन्दी प्रदेश के दर्शकों तक ही नहीं वरन् हिन्दी के माध्यम से दूसरी भाषाओं के रसग्रहण करनेवाले पंजाब, बंगाल, गुजरात और तमिलनाडु में बसनेवाले नाट्य-प्रेमियों तक के लिए सहज ग्राह्य हो। कुछ आलोचकों ने इस नाटक की प्रस्तुति की चर्चाओं में इसकी भाषा पर संस्कारग्रस्त होने का जो आरोप लगाया है, वह किसी अर्थ में शायद सही भी हो। इस नाटक के आलेख में मैं एक विशिष्ट क्षेत्र को ध्यान में रखकर भाषा को सहज ही ऐसा बना सकती थी जो हिन्दी क्षेत्र की लोकभाषाओं की समृद्धि से जुड़कर दूसरा रंग पैदा कर सकती थी। किन्तु वह 'भोजपुरी फिल्मों' की तरह एक ऐसी आंचलिकता उत्पन्न करती जो दूसरे प्रदेश के दर्शकों के इस बोध पर प्रतिरोध ही लगाती। फिर भी मैंने भाषा में अब दुबारा बहुत से ऐसे परिवर्तन कर दिये हैं जो उनके लोकरंग को उभारने में सहायक होंगे। वैसे अलग-अलग प्रदेशों में यह नाटक खेलनेवालों से मेरा अनुरोध है कि वे नाटक के पात्रों की बोलियों में यदि क्षेत्रीय पुट का प्रयोग स्वतः कर लेंगे तो नाटक में अधिक आनन्द आयेगा।

इस नाटक को मंच पर देखकर ही इसका सम्पूर्ण रस ग्रहण किया जा सकेगा। पात्र सखाराम बाइन्डर को नाटककार तेंडुलकर ने कहीं से ज्यों-

का-त्यों उठा लिया था। यह उनकी प्रामाणिकता की कसौटी न भी हो तो आप उससे सीधे-सीधे साक्षात्कार करें और उसके अपने जीवन-दर्शन को समझें। इसके लिए आपको कोई बाहरी लेबुल लगाने की जरूरत न पड़े मेरा बस यही आग्रह है।

कार्तिकी पूर्णिमा
10 नवम्बर, 1973

–सरोजिनी वर्मा

सखाराम बाइन्डर

पात्र-परिचय

•

- सखाराम बाइन्डर
- लक्ष्मी
- दाउद
- चम्पा
- चम्पा का पति

अंक पहला

दृश्य पहला

[शाम का समय। खपरैला घर। जैसा गाँवों में होता है। बाहर का कमरा और उसके पीछे रसोई दिखायी दे रही है। घर के बाहर बच्चों का शोरगुल ...]

सखाराम : *(बच्चों को सम्बोधित करते हुए गरजता है)* क्या है? है क्या यहाँ? क्या देख रहे हो? नंगा नाच हो रहा है क्या कोई यहाँ? भागो यहाँ से—भागो यहाँ से! भागो नहीं तो साले मार-मार के भूसा भर दूँगा, चलो भागो—

[एक स्त्री को साथ लिए हुए दरवाजा खोलकर अन्दर आता है। मध्यम वय का। रूखे किन्तु तेज व्यक्तित्व का। मूँछें तथा दाढ़ी के काले-सफेद खूँटे बढ़े हुए। बदन पर गन्दा कुर्ता, धोती और जैकेट। सिर पर ऊलजलूल तरीके से लगी हुई टोपी। पैर में चप्पल। आगन्तुक स्त्री बहुत भयभीत-सी। पोटली छाती पर कसकर दबाये हुए। कृश शरीर थरथरा रहा है। दीवार से सटी-सिमटी खड़ी है।]

सखाराम : आओ। देखभाल लो ठीक से घर। इसी घर में रहना है अब तुम्हें। घर भी मेरी ही तरह है। बाद में चीं-चपड़ मत करना।

[वह जैसे-तैसे पूरे घर पर एक नजर डालती है।]

: ठीक से देख-दाख लो। समझ में आये तो डालो पोटली नीचे नहीं तो ऐसी ही निकल जाओ बाहर। यह राजा का महल नहीं, सखाराम बाइंडर का घर है। सखाराम बाइंडर तुम्हारे पहलेवाले आदमी की तरह नहीं है। वह क्या है यह अलग से समझना पड़ेगा तुम्हें। सब घोड़े बारह टकेवाला हिसाब यहाँ नहीं चलेगा। दिमाग गरम है अपना। गुस्सा आया तो मार-मार के भुरता बना दूँगा। क्या समझी? मुँहफट हूँ। मुँह में गाली और बीड़ी हर वक्त मौजूद रहती है। सारा गाँव यह कहता है। हालत बहुत अच्छी नहीं पर खाने को दोनों टाइम जरूर मिलेगा। दो धोती शुरू में। फिर साल में एक। वह भी बढ़िया नहीं, मामूली। बाद में किटकिट सुनूँगा नहीं। घर का सब काम कायदे से और बिना भूल-चूक के करना पड़ेगा। निकम्मापन दिखायी दिया नहीं कि घर से बाहर। कोई रियायत नहीं। बाद में तोहमत न देना। अपने घर में राजा की तरह रहता हूँ। गाँव में मियाँ-बीबी की तरह रहें या नहीं, घर, घर जैसा चाहिए मुझे। क्या समझीं?

[वह जैसे-तैसे सिर हिलाती है।]

: घर के पीछे एक कुआँ है। पाखाना दूर है। गर्मी में कुआँ सूख जाता है। पानी नदी से लाना पड़ता है। नदी सवा मील पर है। बरसात में इस तरफ बिच्छू निकलते हैं। घर से बाहर बिना काम आना-जाना मुझे पसन्द नहीं। घर में कोई आया तो सिर उठाकर बोलना नहीं। कोई गैर आदमी आये तो मुँह पर आँचल रखकर सिर्फ दो-एक जरूरी बात करना। मैं न रहूँ तो घर में किसी को बुलाना नहीं। मैं भँगेड़ी, गँजेड़ी, रण्डीबाज चाहे जो होऊँ-बल्कि हूँ भी। दारू पीता हूँ। पर अपने घर में मेरी कदर रहनी चाहिए इस घर का मालिक मैं हूँ। मेरा अदब मानकर चलना होगा। क्या समझीं? सब बात कबूल है कि कहना है कुछ? कुछ कहना हो तो बाहर का रास्ता नापो

चटपट। इस घर में कहना सिर्फ मेरा ही चलता है, दूसरों को उसके हिसाब से चलना होगा। क्या समझीं? किसी बात पर 'क्यों' नहीं सुनता मैं। एक बात और– ब्याही औरत की तरह रहना पड़ेगा। बाकी अपने-आप समझो–

[वह दबी-दबी नजर घुमाकर सारे घर को देख रही है।]

: करार मंजूर है? अगर मंजूर है तो भीतर चाय में जाकर लगो। चूल्हे के पास दूध-ऊध होगा, जाओ।

[वह हड़बड़ाकर जल्दी से अन्दर खिसक जाती है। पोटली एक तरफ रखकर चूल्हे के पास जाती है।]

: जब तक यहाँ हो किसी से डरने का काम नहीं। यह सखाराम बाइंडर सबका काल बनकर बैठा है यहाँ। परमेश्वर के बाप से भी नहीं डरता।

[वह आतंकित होकर स्तब्ध खड़ी है।]

: सब करता हूँ, बस एक झूठ नहीं बोलता। बताया तो, रण्डीबाजी करता हूँ, दारूबाजी करता हूँ। जो कुछ करता हूँ डंके की चोट पर। सबके मुँह पर कह सकता हूँ। किस कोठे पर कितनी बार चढ़ा जिसको पूछना हो आकर पूछे। कोठा भी दिखा दूँगा कहोगे तो। आजकल नहीं जाता। गाँव में साले एक सिरे से सब चोरी-छिपे झक मारते हैं–सब घाट पानी पीकर बगुला भगत बने फिरते हैं। सब गुपचुप गुपचुप। अरे कलेजा हो तो खुल्लमखुल्ला करो न जो करना है। है क्या उसमें? साला यह शरीर, यह वासना का भण्डार है भण्डार। इसे बनाया किसने है? उसी ने तो। तो क्या उसे पता नहीं? बाप है वह बाप सबका। तुम्हारा भी!

[बीड़ी सुलगाकर स्टूल पर बैठ जाता है।]

: हम कोई सन्त-महात्मा थोड़े ही हैं? आदमी हैं हम। अपनी खुजली पूजा-पाटी से नहीं मिटती कबूल करता

हूँ। कोई चीज चाहिए तो बस चाहिए। उसमें चोरी कैसी? किससे चोरी? अपने बाप से?

[वह चाय बनाने के लिए चूल्हे के पास बैठती है। पर कोई चीज उसे मिल नहीं रही है। घबरायी हुई आखिर वह उठकर रसोई के दरवाजे पर आती है। धीरे से खँखारती है।]

सखाराम : *(जरा सुखी होते हुए)* हाँ बोलो। बड़ा मुँहफट हूँ मैं। सुनकर तकलीफ होती होगी तुम्हें। जनम से ही मैं ऐसा हूँ। पैदा हुआ तो नंगा। माँ कहा करती थी कि मरे को हया-शरम ही नहीं है। ब्राह्मण के घर, कहती थी कि चमार पैदा हुआ है तो तुम जानो। वह क्या मेरे करम थे?

[वह बहुत सकुचायी-सी खड़ी है।]

: तुम ब्राह्मण के घर की मालूम पड़ती हो। तुम्हें उस हिसाब से तकलीफ होती होगी।

[वह इनकार में सिर हिलाती है। कुछ कहना चाहती है।]

: लो, यानी ब्राह्मण के घर की न होकर भी तुम ब्राह्मण और मैं ब्राह्मण के घर जनम लेकर भी चमार। साला अच्छा मजा है। ग्यारह बरस का था तभी घर से भाग गया। बाप के हाथ से मार खा-खाकर जी उकता गया था। मेरा सभी काम काटता था उन्हें। जैसे उनका दुश्मन होकर उनके घर पैदा हुआ था मैं। जब देखो बस पीटता ही रहता था। किसी चीज की जरूरत है शायद, क्यों?

वह स्त्री : *(झुकी गर्दन)* दियासलाई नहीं है अन्दर।

सखाराम : *(अपने पास की दियासलाई फेंककर)* तो लो न। इस तरह शरमाने की जरूरत नहीं है। इस घर में जो लगे माँग लो। मगर न मिले तो हुज्जत न करो। यह राजा का नहीं सखाराम बाइंडर का महल है।

[वह भीतर जाते-जाते ठिठक जाती है।]

सखाराम : अब और क्या? चाय का चूरा होगा वहीं टीन के डिब्बे में, कि खतम हो गया? पहलीवाली ने बहुत खर्च कर

दिया।–बहुत चाय पीती थी–अभी शुक्रवार को ही तो गयी है–

वह स्त्री : *(इनकार में सिर हिलाकर)* ठाकुरजी कहाँ हैं।

सखाराम : अच्छा अच्छा! ठाकुर? होंगे वहीं कहीं भीतर। कबाड़ में। उससे पहलीवाली को था चस्का–दो–चार तस्वीर थी शायद। पता नहीं, है कि उठा ले गयी–बाद में यह आयी–बादवाली। उसे उस सबका कुछ नहीं था–वह अपने मरद के कुर्ते की पूजा किया करती थी–जान लेने चला था उसकी–और वही उसका भगवान। जान लेनेवाला भगवान और जान बचानेवाला इन्सान। यहाँ दो बरस तक उसके कुर्ते की पूजा किया करती थी। तपेदिक हो गया इसलिए मिरज के अस्पताल में शुक्रवार को पहुँचा दिया था। वहीं मर गयी। कुर्ता तकिए के नीचे तब भी दबा था। ए सुनो! चाय में शक्कर बहुत लगती है मुझे और पत्ती भी ज्यादा डालना। गाढ़ी बने, लाल रंग की। जाओ जल्दी करो!

[वह अन्दर जाती है। चूल्हे के पास बैठते-बैठते अलगनी पर टँगी हुई धोती पर नजर जाती है। पुरानी फटी-सी धोती। उसे एकटक देखती है फिर चूल्हा जलाकर चाय चढ़ाती है। जरा विचारमग्न होती है। सखाराम जैकेट उतारकर खूँटी पर टाँगता है। खिड़की से बाहर कुछ दिखायी दे जाता है।]

: *अरे ए ऽ तेरी माँ की साले, गाय सब बाड़ तोड़ रही है। आँख फूटी है क्या? हँका इधर से। पैसे लगे हैं बाड़ बनवाने में।*

[अन्दर वह स्त्री यह सब असह्य होने पर आँखें कसकर बन्द कर लेती है। सखाराम खूँटी से मृदंग उतारकर बैठ जाता है। मृदंग गोद में रखता है। बजाना शुरू करता है।]

: बहुत अच्छे।

वह चाय लेकर जाती है। रुकती है और ध्यान आकर्षित करने के लिए खँखारती है।

: हाँ, लाओ दो।

[वह देती है। चाय तश्तरी में डालकर घूँट भरता है। फिर गरजता है।]

: आ-हा-हा-हा-हा!

[वह भयभीत है।]

: बहुत अच्छे!

[वह बहुत भयभीत। चाय पीकर प्याला-तश्तरी वह एक तरफ़ रखता है। वह उसे उठाकर अन्दर जाने लगती है।]

: तुम भी पी लो चाय। जो खाना-पीना हो अपने-आप खाओ-पियो। यह न सोचो कि कोई कहने जायेगा। यह सब लाड़ यहाँ नहीं होनेवाला।

[वह अन्दर जाती है। एक कटोरी में चाय डालकर फूँकने को होती है कि बाहर पुकार, "सखाराम है क्या?"]

: *(चिल्लाकर)* कौन-दाउद मियाँ? आओ-आओ। अन्दर आओ।

[दाउद आता है।]

दाउद : सलाम वालेकुम सखाराम भाई।

सखाराम : *(चिल्लाकर)* और चाय देना बाहर। *(दाउद से)* वालेकुम सलाम दाउद भाई-आओ बैठो।

दाउद : सुना नया पंछी लाये हो?

सखाराम : हाँ। बस चला ही आ रहा हूँ। हुआ होगा, आधा घण्टा। तुम्हारा क्या हाल-चाल है?

दाउद : हमारा क्या हाल होगा भाई, चल रही है गाड़ी किसी तरह *(नजर अन्दर)* कहाँ से लाये?

सखाराम : सोनावण से। खबर मिल गयी थी इसीलिए सवेरे ही चला गया था। धरमशाले में थी।

दाउद : दिखाओ तो जरा। *(नजर अन्दर की तरफ)*

सखाराम : देखने लायक कहो तो इस दफे कुछ नहीं है। किसी समय चेहरा-मोहरा ठीक-ठाक रहा होगा पर अब तो मरद की मार खा-खाकर सारा नमक झर-झरा गया है।

[कप में चाय लिए हुए वह दरवाजे पर खड़ी है।]

: तुम्हें बताऊँ दाउद मियाँ, ये सब-के-सब मरद साले पौने आठ, हिजड़े! खुद तो बच्चा पैदा कर नहीं पाते गुस्सा उतारते हैं औरत पर। उसी को पीसते-कूँचते हैं नामर्द साले! अरे तो बिचारी ठहरी बेजबान जानवर। मिट्टी का लौंदा समझो–

[दाउद उसे दरवाजे पर खड़ी देखकर सखाराम को इशारे से चुप कराता है।]

सखाराम : *(दरवाजे तक जाकर उसके हाथ से चाय लेकर वापस आता है।)* उन सालों की तरह की नामर्द जमात मैंने नहीं देखी। उससे तो हम कहीं अच्छे हैं।

[दाउद चाय का प्याला पकड़ता है–
चेहरे पर झेंप का भाव।]

: हालाँकि ऐसा कुछ नहीं है, मौके-बेमौके हम भी दो हाथ लगा देते हैं। पर अपनी कमजोरी छिपाने के लिए नहीं। यह मृदंग जैसे तपने के बाद बढ़िया बजते लगता है ना वैसे ही हमारा भी है। हाँ।

[वह रसोई में कुछ खोजने लगी है।]

: अच्छा हुआ यार! कि हम लोग किसी के ब्याहे मरद नहीं हुए। जो हैं उसी में मस्ती है। मिलता सब-कुछ है, बन्धन कोई नहीं। ऊब लगी, उसे लगी, अपने को लगी। चल साले खुला रास्ता। खतम खेल। साली बेकार की मगजपच्ची नहीं–उसको आसरे का आसरा और अपने को घर का खाना–सस्ते में सब भूट मिट जाती है। उठकर किसी के दरवाजे जाना नहीं पड़ता। और फिर

घर में वह दबकर रहती है। ठीक से काम-धाम करती है क्योंकि उसे मालूम है कि गलती होते ही बाहर का रास्ता नापना पड़ेगा। वैसे औरत की जात होती चतुर है। पर ब्याह होते ही वह गाफिल हो जाती है दाउद मियाँ। वह सोचती है कि आदमी अब जायेगा कहाँ। मगर वह भी ठहरा एक पाजी। वह उसे फँसा लेता है पर आप नहीं फँसता। शादी करके भी छरिन्दे पंछी की तरह उड़ता-फिरता है! और क्या! मैं तो साफ बात करता हूँ। लाग-लपेट करता नहीं। अपने को उससे करना ही क्या है? अपने किसी के लगते ही क्या हैं?

[मृदंग के पास बैठता है आगे सरककर मृदंग उठाकर गोद में रखता है।]

: यह है न मृदंग? आज गोद में है। समय आया तो ऐसे उठाकर छप्पर पर फेंक दूँगा। कुछ नहीं लगेगा। पलटकर इसे देखूँगा भी नहीं।

[मृदंग पर थाप मारता है।]

: सब चीजें जब एक दिन खतम ही होनी हैं तब फिर उस साली से लिपटे रहने से क्या फायदा? क्यों लिपटे रहें? किसी का नुकसान न करके अपनी जिन्दगी मौज से बिता दिया बस। मगर हाँ! फरेबी और झूठा नहीं होना चाहिए। पाप करो तो छाती पर चढ़कर कह दो कि पाप किया हमने। सजा भुगतने के लिए तैयार रहना चाहिए। उसमें क्यों चोरी? उसने जैसे पैदा किया है वैसे ही तो सामने आओगे। ऐसा काम करो कि बाकी चाहे जो लगे, उसके लिए शरम न लगे। शरम नहीं लगनी चाहिए।

दाउद : हाँ सखाराम भाई, हाँ *(संकोच में)* लेकिन जरा वह निकालो न–

सखाराम : क्या? चिलम? *(दाउद उसे चुप रहने का इशारा करता है।)* अरे मियाँ! तो नाम लेने में क्या शरमाते हो?

[कोने में जाकर चिलम आदि सामान निकालता है।]

: गाँजा क्या कोई रईस की रखैल है कि सारा मामला गुपचुप गुपचुप? अरे यह तो रण्डी है रण्डी। कोई चोरी चमारी का मामला नहीं। जिसका जितना जी चाहे तबियत भरे ले। दो दम मार ले। तुमसे कहता हूँ दाउद मियाँ! रण्डी जितनी जल्दी भगवान के पास पहुँच जायेगी न, उतनी जल्दी कोई नहीं। कोई भी नहीं पहुँच सकता। उसकी वजह यह है कि उसे जरा भी शरम नहीं होती। खुला खेला। परमात्मा के सामने भी वह सीना तानकर ही जायेगी। कहेगी, पेट के लिए जिन्दा रही मगर किसी भकुए को धोका नहीं दिया, तकलीफ नहीं दिया। फँसाकर फरेब नहीं किया। जिसे दिया मजा ही दिया है। आदमजात की खुजली मिटायी है। खुजली! छोटे-बड़े, लूले-लँगड़े, गरीब-अमीर, बीमार-अच्छा, कुछ देखा नहीं। सबको एक बराबर माना। हे परमात्मा! पाप किया होगा दूसरों ने, हमने नहीं। हम पापी नहीं।

[इसी बीच अन्दर से कबाड से ढूँढ़-ढाँढ़कर उस स्त्री ने तीन-चार तस्वीरें निकाल ली हैं! और उन्हें झाड़-पोंछकर करीने से एक जगह लगा दिया है।]

: रुको, आग लेकर आता हूँ।

[अन्दर जाता है–उसे तस्वीर के सामने बैठी हुई देखता है।]

: आग चाहिए।

[वह चौंकती है। उठकर चूल्हे के पास जाती है।]

: खाना सात बजे मिलना चाहिए मुझे। जोंधरी की चार रोटी और साथ में हरा मिरचा। लहसुन की चटनी उधर किसी डिब्बे में होगी। मिरचा डलिया में है। और जोंधरी का आटा उस बड़ेवाले डिब्बे में।

[वह एक थाली में रखकर आग देती है।]

: ऐसे नहीं चिलम की आग दी जाती है।

[किनारे पड़ी हुई पुरानी धूपदानी उठाता है।]

: इसमें दिया करो।

[वह देती है।]

: तुम्हें भात खाने की आदत हो तो बना लेना। चावल होंगे घर में। पहलीवाली खाया करती थी। खोजकर देखो। दाल भी होगी। मैं भात नहीं खाता।

[वह चुपचाप सुन लेती है। सखाराम ठिठककर एक नजर उसे देखता है फिर आग लेकर बाहर आ जाता है। वह खाना बनाने की तैयारी में जुट जाती है। एक आरतीदानी मिलती है। उसे उठाकर तस्वीरों के सामने रख देती है। बाहर दूर पर कहीं मन्दिर का घण्टा बजता है वह उस दिशा में नमस्कार करती है। बाहर के कमरे में सखाराम और दाउद गाँजे में मस्त होकर दम मारते हैं।]

: ओ ... हो हो ... बम भोले ... दाउद मियाँ मजा आ गया यार ...

[यह दृश्य अन्धकार में डूब जाता है।]

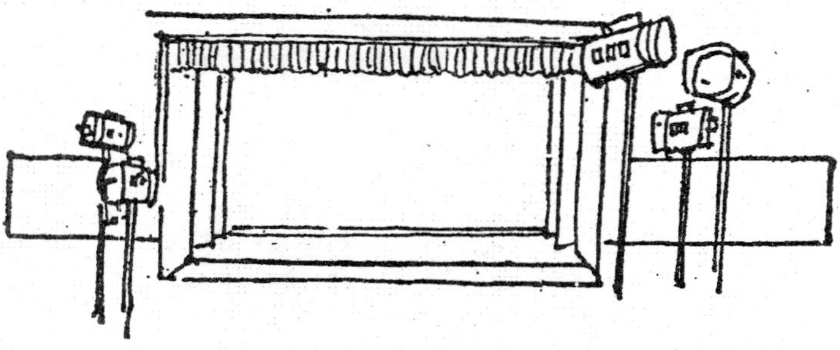

दृश्य दूसरा

[मृदंग बजने लगता है। रोशनी होती है तो वह स्त्री रसोई में फटी कथरीनुमा कोई चीज बिछाती हुई दिखायी देती है। सखाराम बाहर के कमरे में मृदंग बजा रहा है। वह कथरी बिछाकर भगवान को नमस्कार करती है और सिर के नीचे हाथ लगाकर लेट जाती है। सखाराम मृदंग एक तरफ रख देता है।]

सखाराम : बम भोले। *(अँगड़ाई लेकर जोर से जँभाई लेता है फिर उठकर दरवाजा खोलकर बाहर जाता है।)*

[मृदंग रुक गया और पदचाप बाहर की तरफ जाती हुई सुनायी दी तो वह उठकर बैठ जाती है। बाहर कहीं भजन हो रहा है। वह उठकर धीरे से बाहर जाती है। देखती है। चिलम आदि उठाकर एक किनारे रखती है। झाड़ू से जगह को साफ करने लगती है कि सखाराम आ जाता है। वह चौंककर एक तरफ सिमटकर खड़ी रहती है।]

: करो करो, सफाई करो।

[खूँटी के पास जाकर वह कमीज उतारता है। रसोई में जाकर मुँह पर पानी के छींटे मारता है। इसी समय उसकी कथरी बिछी हुई देखता

है। बाहर के कमरे में आता है। वह स्त्री उसका बिस्तर बिछा रही है।]

: उधर नहीं! इस तरफ।

[वह घबराकर जल्दी से बिस्तर उठाकर दूसरी जगह लगाती है। सखाराम गाँजे के नशे में भरी-भरी नजर से उसे देखता हुआ खड़ा है। वह बिस्तर ठीक करने के लिए बिस्तर पर बैठकर चादर ठीक करती है। फिर उठती है।]

: उठो मत। बैठी रहो।

[वह किनारे हटकर सिर झुकाये-झुकाये जरा-सा उठती है।]

: कह रहा हूँ उठो नहीं। सुना नहीं?

[वह चुप]

: आज यहीं सो जाओ।

[वह थकी-सी लग रही है। किसी तरह उठकर अन्दर जाने लगती है।]

: सुनो। सोने से पहले पैर दबाने की रीति है यहाँ। बहुत-सी आयी और चली गयी पर इसमें फेर-बदल नहीं हुआ, आज भी नहीं होगा।

[बिस्तर पर बैठता है]

: बम भोले!

[वह चुपचाप खड़ी है]

: समझ में आया कि नहीं? पैर!

[वह घबरायी हुई-सी आकर पैर के पास बैठ जाती है।]

: हाँ दबाओं पैर। *(स्वर में सौम्यता)*

[वह सकुचायी-सी उसके पैर दबाने लगती है।]

ऊपर तक दबाओ!

[वह हिचकिचाती हुई ऊपर तक पैर दबाती है।]

: ठीक से ... पैर तुम्हें खा नहीं जायेगा। बहुत थक गया आज। सवेरे-ही-सवेरे सोनावण चला गया। लौटते में उतनी ही कवायद फिर करनी पड़ी। बहुत चक्कर पड़ गया।

[वह पैर दबाती रहती है। चुपचाप।]

: अब जरा नाम बता तो अपना।

वह : लक्ष्मी!

सखाराम : लक्ष्मी? *(उसे एकटक देखता हुआ)* अच्छा नाम है। आदमी का नाम क्या था?

[वह चुपचाप पैर दबा रही है।]

: आदमी का नाम क्या था तुम्हारे?

[वह गुमसुम पैर दबाती रहती है।]

: अच्छा अच्छा। नाम लिया नहीं जाता है न? मुझे यह सब आदत नहीं ...

[वह आती हुई रुलाई रोकती है। आँचल से आँखें पोंछती है।]

: क्या हुआ? नहीं पूछूँगा बस? तुम सब निकाली हुई औरतें और बातों में चाहे हो या नहीं, पर इस मामले में सब एक-सी। आदमी की बात आयी कि बस आँख में आँसू। वही लात मारकर घर से निकालेगा। जान लेने जायेगा। मगर यही देवता। ऐसे देवता की तो जूते से पूजा होनी चाहिए। ये साले सब देवता नहीं, लात के देवता हैं, यह देवता हैं हरामजादे!

[वह पाँव दबा रही है।]

: तुम सब-की-सब एक ही मिट्टी की हो। मरी हुई माँ का दूध पिये हुए। मुर्दा हो मुर्दा तुम भी। जो लात मारे उसी के पैर चाटोगी।

[वह गुमसुम पाँव दबा रही है।]

: खाना खाया?

[वह पैर दबाती रहती है।]

: मैं क्या पूछ रहा हूँ? *(चादर दूर फेंक देता है।)*

लक्ष्मी : *(जरा डरी हुई)* आज चतुर्थी है। फिर भूख भी नहीं थी।

सखाराम : *(यह उत्तर अनपेक्षित लगता है)* इसीलिए उपवास?

[लक्ष्मी सिर हिलाकर हामी भरती है।]

: सवेरे तो खाया ही न होगा? कल?

[लक्ष्मी इनकार में सिर हिलाती है।]

: क्या मतलब? उपवास करके जान देनी है?

लक्ष्मी : आदत है मुझे।

सखाराम : क्या आदत है? इस घर में यह सब नहीं चलेगा। यहाँ पर दोनों समय कसकर खाना होगा। जी तोड़ सेवा करनी होगी। सब उपास-कुपास बन्द। कान खोलकर सुन लो।

[लक्ष्मी कुछ बोलती नहीं।]

: जाओ सो जाओ अब।

लक्ष्मी : *(संकुचित-सी)* एक बात पूछूँ?

सखाराम : पूछो न–

लक्ष्मी : *(हिचकिचाती हुई)* रुई कहाँ रहती है। भगवान के आगे दिया जला देती।

सखाराम : पहलेवाली कहीं रखती थी मुझे पता नहीं। मैनें कभी जानने की तबालत नहीं उठायी। चिलम कहाँ रहती है, मृदंग कहाँ रहता है यह पूछो तो बता सकता हूँ उसमें अपना राज है। न हो कल ला दूँगा रुई। और क्या।

लक्ष्मी : पहलेवाली कैसी थी?

सखाराम : पहलेवाली! यह बात जरूर पूछेंगी सब। बादवाली को पहलेवाली के बारे में जरूर पता हो जाय। छह हो चुकी पर इसमें फरक नहीं पड़ा। पहलेवाली क्या थी। बिस्तर

पर भी तो नहीं टिकी ज्यादा। सूखती ही चली गयी दिन-ब-दिन। कमजोर होती जा रही थी। मांस तो जैसे था ही नहीं, हड्डी-ही-हड्डी। मगर ईमानदार थी बहुत। सिर उठाकर कभी देखा नहीं। उलटकर जवाब देना तो बड़ी बात। मिरज के अस्पताल में मर गयी। अब तो एक महीना हो रहा है।

लक्ष्मी : बच्चे थे?

सखाराम : दो थे। आदमी ने रख लिए। इसीलिए तो और घुली जा रही थी। आखिरी साँस तक अपने आदमी का और बच्चों का ही नाम रट रही थी। मुँह में आखिरी बूँद पानी का मेरे हाथ से गया पर नाम साले मरद का ही था।

[लक्ष्मी ठण्डी साँस भरती है।]

: क्या हुआ? सब कायदे से ही किया। आग मैंने दी। कौआ पिण्डा पर उतर नहीं रहा था तो गाली दिया भरपूर। कहा उस हरामखोर ने तुम्हें निकाल बाहर किया तो उसकी तकलीफ मुझे देती हो? मैं तेरा क्या लगता हूँ? तुझे घर में आसरा दिया तो क्या गलती किया। मुझे झटपट छुट्टी दे पहले। मेरे बिगड़ते ही कौआ चट आकर पिंडा ले गया। नहा-धोकर छुट्टी पायी। इस घर की देहरी लाँघकर एक बार अन्दर आते ही वह आदमी इस घर का हो जाता है। दुबारा बाहर आया कि सब खत्म। तकलीफ नहीं चाहिए। मगर बाहर जाते समय भी कायदे से साड़ी-जम्पर और पचास रुपये देकर ही भेजता हूँ। ऊपर से टिकट। जहाँ जाना हो वहाँ का, यह कहना भूल ही गया था। अच्छा हुआ याद आ गयी साथ ही जो कुछ यहाँ मिला है उसे साथ ले जाने की छूट, यानी कपड़े-चप्पल, चूड़ी-ऊड़ी। इसमें कोई कसर नहीं होगी। यह सखाराम किसी की ब्याही औरत नहीं जो आदमियत छोड़ दे। जाओ, सो जाओ। ऊँघो नहीं। भूखे पेट ताकत

नहीं रह गयी है पर आगे से ऐसे बलि का बकरा बनने से गुजारा नहीं होगा इस घर में। बताए देता हूँ। मेरी भूख मामूली नहीं है। बाद में किचकिच सुनूँगा नहीं। सुबह सात बजे प्रेस पहुँचना होगा मुझे। दुपहर बारह बजे घर आता हूँ। दो बजे फिर निकलकर छः बजे वापस। ओवर टाइम, अगर काम अर्जेण्ट देना हुआ तो। सुबह ठीक साढ़े छः बजे दो बाजरे की रोटी तैयार रहनी चाहिए। आज का दिन सोनावण जाने-आने में बरबाद हो गया। कल ओवर टाइम करना पड़ेगा।

[करवट लेकर दूसरी तरफ मुँह करके लेटता है। वह भीतर चली जाती है। दूर पर भजन हो रहा है। अन्धकार होता है। दुबारा रोशनी होती है तो खर्राटे भरकर सोता हुआ सखाराम दिखायी देता है। बाहर सन्नाटा। लक्ष्मी उसके पैर के पास घुटने पर ठुड्डी धरे चुपचाप बैठी है। बीच-बीच में आँखे झपकती हैं। फिर खुलती हैं।]

[अन्धकर]

दृश्य तीसरा

[दुबारा रोशनी होती है उस समय लक्ष्मी रसोईघर में बैठी हुई दिखायी दे रही है। कुछ कम उदास और कुछ पहले से चैतन्य भी है। बाहर के कमरे में कोई नहीं है।]

लक्ष्मी : *(झुकी हुई खूब खिलखिला-खिलखिलाकर हँस रही है)* पाजी कहीं का। मुझे फँसाता है क्यों रे? बाहर निकाल देती हूँ तो फिर लौट आता है? तुझको रोज-रोज खाने को चाहिए, क्यों रे? चाट पड़ गयी है तुझे। अब कुछ नहीं मिलेगा! नहीं मिलेगा कह रही हूँ न? ऊपर ही चढ़ा जा रहा है मरा। मैं तुझसे कह रही हूँ मेरे बदन पे न चढ़। मना कर रही हूँ ना?

[गुदगुदी लगने की तरह हँसती है।]

: अरे नहीं। अच्छा देख आँ, गोर में चढ़ा तो दूँगी एक, हट दूर। दूर हट पहले, चिपकू कहीं का। आज तुझे कुछ नहीं मिलेगा। रोज-रोज की मुसीबत बन गया है। पहले उतर मेरे ऊपर से।

[खिलखिलाती है।]

: उतर न मेरे ऊपर से पहले। उई माँ कितना सताता है मुझे?

[सखाराम काम पर से लौटता है और दरवाजे पर खड़ा होकर यह सुनता है।]

: उतर रे मेरे ऊपर से--

[सखाराम का पारा चढ़ने लगा है। तेजी से भीतर आता है। लक्ष्मी अकेली ही बैठी-बैठी खिलखिला-खिलखिलाकर हँस रही है। सखाराम को देखकर चुप हो जाती है। आती हुई हँसी को दबाकर चुपचाप खड़ी हो जाती है।]

सखाराम : *(हर तरफ सशंकित होकर देखता हुआ)* क्या हो रहा था?

लक्ष्मी : *(सिर हिलाकर)* कुछ नहीं?

सखाराम : तो फिर इतनी हँसी क्यों आ रही थी? *(अभी भी सन्देह में)* किसके साथ बात कर रही थी?

लक्ष्मी : *(हँसी दबा रही है)*

सखाराम : *(जरा गुर्राकर)* क्या दिमाग खराब हो गया है जो अकेले में बात कर रही हो? *(हर तरफ अभी भी सशंकित होकर देख रहा है।)*

लक्ष्मी : *(हँसी गायब हो जाती है। गुमसुम खड़ी रहती है।)*

सखाराम : किससे बात कर रही थी?

लक्ष्मी : *(सिर्फ इनकार में सिर हिलाती है)*

सखाराम : *(जैकेट उतारते हुए बाहर आता है।* अकेले बात कर रही थी। हुँः।

[जाते-जाते फिर अविश्वास से देखता है। सखाराम के जाते ही लक्ष्मी जहाँ बैठी है वहाँ जल्दी-जल्दी कुछ ढूँढ़ने लगती है।

सखाराम बाहर के कमरे से चिल्लाता है।]

फिर दुबारा यह सब न हो। कहे देता हूँ। अकेले बैठे-बैठे हँसती है। हुँः।

[लक्ष्मी चूल्हे पर से चाय उतारती है। फिर बाल्टी में पानी और लोटा लाकर बरामदे की तरफ आती है। सखाराम वहाँ आकर खड़ा है। लक्ष्मी पानी डालती है। वह हाथ, पैर, मुँह साफ करता है। लक्ष्मी के हाथ से तौलिया लेकर मुँह पोंछता है। दोनों अन्दर आते हैं। सखाराम आगे लक्ष्मी पींछे। सखाराम आकर तखत पर लेट जाता है। लक्ष्मी चुपचाप बैठकर उसके पैर दबाने लगती है। सखाराम बारी-बारी से उसकी तरफ और भीतर की तरफ कुछ नयेपन से देखता है। दोनों की नजर मिलती है। लक्ष्मी नजर झुका लेती है।]

सखाराम : *(उसका हाथ पकड़कर)* हँस क्यों रही थी?

लक्ष्मी : *(हाथ छुड़ाने की कोशिश में)* छोड़ो कोई देख लेगा ...

सखाराम : किसी से चोरी है क्या?

लक्ष्मी : चाय लेकर आती हूँ ...

सखाराम : *(लक्ष्मी का हाथ पकड़े-पकड़े कुछ सोचता है फिर हाथ छोड़ देता है)* जल्दी आओ।

[लक्ष्मी अन्दर जाकर चाय ले आती है। उसे देती है।]

सखाराम : *(चाय उसके हाथ से लेकर अपने बगल में बैठने का इशारा करके।)* बैठो।

[वह खड़ी है।]

: मैं कहता हूँ बैठो यहाँ।

[वह घबरायी-सी बैठती है। जरा दूर खिसककर।]

: ऐसी ब्याही औरत की तरह नहीं। यहाँ पास में बैठो।

[उसे अपने पास खींचता है। अपने प्याले से चाय पिलाता है।]

: लो पियो ...

लक्ष्मी : मेरी चाय है भीतर ...

सखाराम : मुँह तोड़ दूँगा दुबारा बकबक किया तो । अपने में से दे रहा हूँ तो कहती है अन्दर है। हुँह!

[वह एक घूँट चाय लेती है 'बस' कहती है। वह जबरदस्ती और पिलाता है। फिर खुद पीता है। वह चाय का प्याला तश्तरी लेकर जाने लगती है। उसे रोककर।]

: किसके साथ चल रहा था अभी हँसी-ठट्ठा?

लक्ष्मी : किसी के साथ नहीं।

सखाराम : तो मैंने सुना वह क्या था ऐसे ही?

लक्ष्मी : नही यह बात नहीं ...

सखाराम : फिर?

लक्ष्मी : ऐसे ही ...

सखाराम : ऐसे माने?

लक्ष्मी : *(हिचकिचाती हुई)* चींटे के साथ।

सखाराम : क्या?

लक्ष्मी : *(स्वीकृतसूचक सिर हिलाती है, 'हाँ, यही बात है' जैसे भाव से)*

सखाराम : चींटे के साथ बात कर रही थी?

लक्ष्मी : हाँ! सच्ची ...

सखाराम : चींटा तो नहीं बोल रहा था तुझसे?

लक्ष्मी : हाँ *(फिर)* नहीं।

[सखाराम अचरज से उसे देखता है।]

: मतलब कि उसकी तरफ से भी मैं बोल रही थी।

सखाराम : चींटे से बात कर रही थी। कुछ और तो नहीं?

[चुप खड़ी है।]

: दिमाग का इलाज करना चाहिए। क्यों चींटे से बात क्या कर रही थी कोई पहचान का चींटा होगा क्यों?

लक्ष्मी : पहचान तो बात करते-करते हो जायेगी। मैं उसे शक्कर देती हूँ वह आता है।

सखाराम : चींटा क्या एक है घर में? टोकरी भर होंगे। कोई भी आयेगा।

लक्ष्मी : मैं पहचानती हूँ उसे।

सखाराम : अच्छा? कैसे?

लक्ष्मी : ऐसे ही। वह आता है तो पता लग जाता है।

सखाराम : पता लग जाता है किस बात से?

लक्ष्मी : उसकी चाल से।

सखाराम : चींटे की चाल?

लक्ष्मी : सच्ची। यह चींटा जोर से दौड़कर नहीं आता, धीरे-धीरे आता है और शक्कर के दाने पर मुँह लगाने से पहले दाने के चारों तरफ एक बार चक्कर करता है?

सखाराम : कौन? चींटा और तो कुछ नहीं करता?

लक्ष्मी : हाँ! एक बार शक्कर में मुँह लगा लेता है तो फिर एक पैर उठाकर अपना मुँह साफ करता है।

सखाराम : मुँह साफ करता है? वह! और क्या करता है तुम्हारा यह चींटा?

लक्ष्मी : दाना लेकर दीवार के पास जाता है।

सखाराम : और?

लक्ष्मी : आजकल दो दिन से ढीठ हो गया है वह! शक्कर का दाना छोड़कर मेरे पीछे-पीछे भागता रहता है हरदम।

सखाराम : अच्छा? वाह! फिर?

लक्ष्मी : बदन पे चढ़ जाता है फिर।

सखाराम : वाह! बदन पर चढ़ता है? फिर उसके बाद?

लक्ष्मी : किसी तरह उतरता नहीं। *(उठकर)* दिखाऊं क्या लाकर?

सखाराम : क्या? चींटा? नहीं! अभी मेरा दिमाग ठीक है। हुँह! चींटा बोलता है। यह सब पागलपन यहाँ चलेगा नहीं। दिमाग खोलकर यहाँ रहना होगा। क्या समझी? ठीक से याद रखो। जाओं अन्दर।

[वह चाय का प्याला तश्तरी लेकर भीतर जाती है। सखाराम उसे अन्दर जाते हुए देखता रहता है। बेसुरी आवाज में लावणी का पहला चरण गुनगुनाता है।]

सखाराम : यह अजीब ही है। वह पहलेवाली साली मरद का कुर्ता चिपकाए घूमती थी और यह चींटे से बात करती है। यह मरद भी हरामजादे क्या बना डालते हैं इन औरतों को।

[वह भीतर जाकर कप-तश्तरी धोकर रखती है। फिर झुकी-झुकी इधर-उधर कुछ खोजती है उदास होकर फिर वहीं बैठ जाती है। सखाराम 'आज दाउद मियाँ नहीं आये' कहता हुआ चिलम वगैरह कोने से उठाता है।]

लक्ष्मी : *(धीमी मगर सुनायी पड़ सके ऐसी आवाज में)* तेरी वजह से ... तेरी वजह से बात सुननी पड़ी मुझे और नहीं तो क्या ... तू शक्कर खाये और मैं तेरे पीछे डाँट खाऊँ। किसी को सच नहीं लगता कि चींटे, चींटी, गौरैया, कौवा सब मुझसे बोलते हैं। सब बात करते हैं। क्यों बोलता है तू मुझसे? बोल? क्यों बोलता है रे? बोल न। बोल। बोल मेले बुद्धू ले बोल ...

[रसोई के दरवाजे पर आग लेने के लिए आया हुआ सखाराम यह देखता हुआ खड़ा है। वह आपे से बाहर हो उठता है।]

सखाराम : *(चीखकर)* अरे हो क्या रहा है यह? घर है या पागलखाना?

[वह घबड़कर खड़ी हो जाती है।]

: क्या कहा था मैंने? खबरदार! इसके बाद यह तमाशा हुआ तो--यह सब पागलपन बन्द करो फौरन!

[वह भय से थर-थर काँपती है।]

: घर से बाहर निकाल दूँगा, दुबारा यह सब देखा तो ... आग दो मुझे चिलम के लिए।

[वह चुपचाप अग्यारदानी उठाकर उसमें अंगारा रखकर देने के लिए आती है। उसके हाथ में पकड़ाती है।]

: रोना बन्द। क्या है? मर गया क्या कोई? मर जाये तो भी इस घर में रोना नहीं है।

[वह जल्दी से आँसू पोंछने का प्रयत्न करती है। अग्यारदानी हिल जाती है। अंगारा उसके पैर पर गिर जाता है। पैर जल जाता है। वह कराहकर बैठ जाती है। पैर पकड़ती है। सखाराम जल्दी से अंगारा पैर पर से हटा देता है।]

सखाराम : जल जाने दो पैर अच्छी तरह। कोई तकलीफ नहीं होने की मुझे।

[वह वेदना से व्याकुल है। किसी तरह उठती है धूपदानी उठाती है और आग समेटकर उसमें भरने लगती है।]

: हरामीपन की सजा मिलनी ही चाहिए। नहीं तो बार-बार वही काम होता रहेगा। ठीक से पकड़ नहीं सकती हो? नालायक कहीं की। उठते-बैठते लात-घूँसे से याद दिलाना पड़ेगा तभी समझ में आयेगी बात। दो वह आग इधर और भीतर जाकर लगाओ कुछ पैर में। नहीं तो मरो जाकर।

[धूपदानी में आग लेकर वह चिलम के पास आता है। वह अन्दर जाती है। चूल्हे के पास बैठकर पैर सहलाती है। जलन कम करने का प्रयत्न करती है। सखाराम चिलम तैयार करते हुए।]

: यह दाउद भी नहीं आया आज ... न जाने कहाँ अटक गया–

[वह चूल्हे के पास बैठी–बैठी पैर को बार–बार फूँक रही है। बाहर सखाराम आग को फूँककर तेज कर रहा है। गाँजे का दम मारकर ...]

: बम भोले ...

लक्ष्मी : *(पैर सहलाते हुए जमीन की तरफ देखती हुई उदास स्वर में)* तू क्या पूछता है मुँह उठाकर? कौन–सी कदर है? यहाँ आखिर हूँ तो निकाली हुई न! पाँव जलकर भसम हो गया तो क्या कोई पूछेगा? देख क्या रहा है? शरम नहीं तुझे? जा उधर! काला मुँह न दिखा मुझे। जा! जा कहती हूँ न! भाग यहाँ से! रख हाथ! जा भैया तू ... जा। नहीं तो मारूँगी ...

[यह दृश्य अन्धकार में डूब जाता है।]

दृश्य चौथा

[रसोईघर में किसी छोटी चिमनी के जितना मन्द प्रकाश। बाहर के कमरे में पूर्ण अन्धकार सिर्फ आवाज सुनायी देती हैं।]

सखाराम : ए उठ उठ! जल्दी ... उठती है कि लगाऊँ एक लात। उठने के लिए कह रहा हूँ न ...

लक्ष्मी : *(नींद से भरे हुए स्वर में)* क्या है, उठती हूँ जरा देर में।

सखाराम : जरा देर में नहीं–अभी फारैन उठ।

लक्ष्मी : उई क्या है? अभी तो रात है।

सखाराम : इसीलिए जगा रहा हूँ।

लक्ष्मी : क्या? है क्या?

सखाराम : हँस उसी तरह।

लक्ष्मी : किस तरह? क्या इतनी रात को ...

सखाराम : हँस पहले उसी तरह।

लक्ष्मी : उसी तरह क्या ... ओफ मुझे बहुत नींद आ रही है ... दो रात सोने को नहीं मिला ...

सखाराम : सो लेना थोड़ी देर में। पहले हँस! चींटा तेरे ऊपर चढ़ रहा था तब जैसे हँस रही थी उसी तरह हँस।

[एक पल की चुप्पी।]

लक्ष्मी : हँसती हूँ अभी ... उई पाँव दुखा दिया न मेरा ... उई रे ... हाय ...

सखाराम : तो हँसती क्यों नहीं? हँस उसी तरह? हँस जल्दी। हँस जल्दी। हँस।

लक्ष्मी : मुझे नहीं आता।

सखाराम : चींटे के आगे फिदिर-फिदिर हँसती है और मै कहता हूँ तो नहीं हँसते बनता। अभी यह जलावाला पैर और कुचल दूँगा ... हँस नहीं तो ... उठ। हँस उसी तरह। सोने का नखरा न कर! उठ ...

लक्ष्मी : सचमुच नहीं आता मुझे। छोड़ दो न! सोने दो मुझे–

सखाराम : नहीं बाद में सोना। उठ पहले ... हँस! हँस जल्दी ...

[लक्ष्मी पहले सप्रयास हँसती है फिर सचमुच हँसने लगती है। जैसे शाम को हँस रही थी। उसके बाद सखाराम की हँसी भी सुनायी देती है। दोनों की सम्मिलित हँसी चलती रहती है। उसके बाद खामोशी।]

लक्ष्मी : उई रे। थक गयी मैं अब नहीं हँसा जाता। सोने दो अब मुझे। पैर भी बहुत दरद कर रहा है।

सखाराम : कहाँ देखूँ? फिर कभी पागलपन देखा तो यह पैर तोड़ ही दूँगा। नालायक कहीं की ...

[अन्धकार]

दृश्य पाँचवाँ

[प्रकाश होता है। रसोईघर में लक्ष्मी जल्दी-जल्दी किसी तैयारी में लगी है। घर के बाहर से आवाज आ रही है, "मंगलमूरति मोर्‌या" यह आवाज सखाराम की है। बच्चों का झुण्ड भी मो ऽऽ र या ऽऽऽ कहता है। सखाराम पीढ़े पर गणपति की मूर्ति को लिए हुए आता है। पीछे-पीछे दाउद मियाँ झाँझ लिए हुए आते हैं, दोनों उत्साहित।]

सखाराम : *(दरवाजे पर जाकर)* मंगलमूरति ...

दाउद : मोर्‌या।

[लक्ष्मी पूजा की तैयारी में जल्दी से बाहर आती है। मूर्ति की पूजा होती है। मूर्ति के लिए सजाई हुई जगह पर सखाराम मूर्ति की स्थापना करता है।]

सखाराम : बैठो मंगलमूरतिजी, अपने बाप-दादा की बात तो नहीं जानता पर मेरे घर तो तुम पहली ही बार आये तो चलो आराम करो।

दाउद : मैं तो यार सभी धरम के खुदा-उदा पूज लेता हूँ। पाप क्यों लूँ। क्या पता कब कौन-से खुदा खफा हो जायें और अपना बुरा-भला कर दें।

सखाराम : यह बात नहीं है दाउद! अगर अपने में साफ रहो तो किसी खुदा के बाप की हिम्मत नहीं कि एक बाल भी बाँका कर दे, हाँ!

दाउद : मगर सखाराम! मैं तो साफ-वाफ नहीं हूँ, खुदा की अदालत की साली याद ही नहीं रहती अपने को। हर वक्त एक नया गुनाह हो हो जाता है।

सखाराम : वह तो कचहरी का है यार परमात्मा की कचहरी का गुनाह एक ही है–झूठ बोलना। झूठ की सजा काला पानी। वह गुनाह सबसे बड़ा है। बाकी जिसने यह साला शरीर बनाया है वह क्या शरीर की खुजली नहीं जानता होगा। सब जानता है वह। वह भी जब अवतार लेकर आता है तो क्या होता है। जरा कृष्ण की याद करो दाउद मियाँ बैठकर मौज करो। माल-टाल उड़ाओ। साथ देने के लिए ये चूहेजी तो हैं ही तुम्हारे पास।

लक्ष्मी : क्या कहते हो? इस तरह नहीं बोलना चाहिए।

सखाराम : क्या बोल रहा हूँ? दाउद मियाँ, अब तुम ही बताओ मैंने इस समय क्या गलत कहा? न तोंद का मजाक उड़ाया न दाँत की बात की। सूँड़ तक की बात तो की नहीं।

लक्ष्मी : अच्छा, अच्छा बहुत हुआ। चुप रहो अब।

सखाराम : नहीं! दाउद तुम्हें बताना पड़ेगा कि मेरी गलती क्या थी इस समय?

दाउद : अरे छोड़ यार! गल्ती-वल्ती कुछ नहीं थी। जो कहा सब ठीक ही है। अरे मंगलमूरति तो सब-कुछ खुद ही जानते-बूझते हैं। खुदा हैं वह तो।

सखाराम : मगर देखो न आते ही इसने मुझे टोक दिया, क्यों टोका? आखिर खुद ही जाकर मैं आज गणपति को घर ले आया कि नहीं? जो काम हमारे सात पुरखों ने नहीं किया था वह आज मैंने किया। उस पर से यह बकवास–

दाउद : रहने दो यार! लाओ, दो कुछ परशाद-वरशाद जल्दी। मुझे भी काम पर जाना है।

लक्ष्मी : आरती के बिना कोई न जाये। बस, अभी आरती का सामान लेकर आती हूँ मैं *(अन्दर जाती है)*

[लक्ष्मी आरती का सामान लेकर आती है।]

लक्ष्मी : *(सखाराम से)* हाँ, यह लो।

[सखाराम आरती की थाली हाथ में पकड़ता है। वह आरती जलाती है। दाउद मियाँ मदद करते हैं।]

: तुम अलग रहो दाउद भैया ... *(दाउद अलग हट जाता है। लक्ष्मी सखाराम की तरफ मुड़कर)* हाँ अब शुरू करो आरती ...

सखाराम : दाउद बोलो ... गाइये गणपति जगवन्दन शंकर सुवन भवानी के नन्दन ...

[दाउद झाँझ लेकर साथ देता है। दोनों गाने लगते हैं। मोटी-मोटी बेसुरी आवाज में। लक्ष्मी किनारे हट जाती है। उसे कुछ अच्छा नहीं लग रहा है।]

लक्ष्मी : *(इशारे से दाउद को चुप रहने का इशारा करके)* तुम मत गाओ।

[वह चुप हो जाता है।]

सखाराम : *(गाना रोककर)* क्या हुआ दाउद? गा यार 'गाइये गणपति जगबन्दन, शंकर सुवन भवानी के नन्दन, सिद्धिसदन गजवदन विनायक–'

[दाउद चुप।]

: अरे यार मुँह खोल। चुप क्यों हो गया?

[दाउद की नजर जक्ष्मी पर।]

: क्या हुआ दाउद आरती क्यों नहीं गा रहा है?

[दाउद चुप।]

: क्यों नहीं गा रहा है बोल?

[दाउद धीरे से लक्ष्मी की तरफ देखता है।]

: गाने को मना किया है?

[दाउद खामोश।]

: किसने मना किया। अच्छा।

[लक्ष्मी की तरफ घूमता है।]

: दाउद को आरती के लिए मना किया?

लक्ष्मी : वह मुसलमान है कि नहीं?

[सखाराम बहुत तैश में आरती नीचे फेंक देता है। लक्ष्मी और दाउद भयभीत।]

सखाराम : दाउद मियाँ को आरती के लिए तूने मना किया? क्यों मना किया?

दाउद : जाने दो सखाराम ...

सखाराम : तुम चुप रहो जी। *(लक्ष्मी से)* क्यों नहीं कर सकता वह आरती?

लक्ष्मी : वह मुसलमान है। हम लोग हिन्दू हैं ...

[सखाराम उसकी कनपटी पर जोर से झापड़ मारता है। वह दर्द से तिल-मिलाकर कान पर हाथ रखती है।]

सखाराम : फिर कभी कहेगी?

लक्ष्मी : मैंने झूठ क्या कहा? गणपति की पूजा में मुसलमान कैसे आरती कर सकता है!

सखाराम : कैसे नहीं कर सकता? जब मैं कर सकता हूँ तो वह क्यों नहीं कर सकता?

लक्ष्मी : मुसलमान के हाथ से ...

[सखाराम फिर उसे मारता है। उसके बाद फिर मारता है।]

दाउद : सखाराम छोड़ दे यार! जाने दे।

सखाराम : *(खूँटी पर से पेटी खींचकर उतारते हुए लक्ष्मी से)* फिर बोल। बोल फिर से!

लक्ष्मी : जो सच बात है वही कह रही हूँ। मेरे घर के गणपति को मुसलमान के हाथ की आरती ...

[सखाराम उसे पेटी से मारता है।]

दाउद : सखाराम.....

(वेदना से तिलमिलाती है फिर ढीठ होकर) मारना ही है तो भीतर चलकर मारो गणपति के आगे नहीं। आज ही ठाकुर हमारे घर आये हैं।

दाउद : सखाराम! यार सुन तो ...

सखाराम : *(लक्ष्मी की थरथराती हुई देह को उसका अकड़भरा पैंतरा समझकर और भी क्रोधित होता है और उसे खींचता हुआ अन्दर ले जाता है।)* चल, अन्दर चल तो बताऊँ तुझे।

[वह मुड़कर अन्दर जाती है। पीछे-पीछे पेटी लिए हुए सखाराम जाता है। दाउद परेशान-सा वहीं खड़ा रहता है। अन्दर से पेटी की मार की आवाज आती है। लक्ष्मी की अस्पष्ट कराहें सुनायी देती हैं पर शोरगुल नहीं। दाउद यह सह नहीं पाता, जल्दी से बाहर निकल जाता है। अन्दर से मारने और कराहने की आवाजें आ रही हैं।]

दृश्य छठवाँ

[हल्का आलोक फैलता है। सखाराम नहीं दिखायी देता। रसोई से लक्ष्मी की कराह सुनायी दे रही है। वह किसी तरह उठकर लँगड़ाती हुई मूर्ति के सामने आती है। आरती का बिखरा हुआ सामान एकत्र करती है। दीया जलाकर मूर्ति के सामने रखती है। फिर उसी तरह लँगड़ाती हुई अन्दर जाकर लेट जाती है। कुछ क्षण बाद। ...]

सखाराम : *(बाहर से ही)* साली कहती है कि मुसलमान आरती नहीं कर सकता। दाउद तू सच्चा है। अच्छा, ठीक है अभी जा मेरे दोस्त। कल आना आरती के समय। देखता हूँ साली कैसे नहीं करने देती आरती।

[नशे में कुछ बड़बड़ करता हुआ तेजी से अन्दर आता है। खूँटी के पास जाकर जैकेट तथा शर्ट उतारता है। एकाएक मूर्ति की तरफ ध्यान जाता है।]

सखाराम : नहीं-न-न-तेरा कोई कसूर नहीं ... तेरा कसूर नहीं ...

[मूर्ति के नजदीक जाता है। आरती का सामान खोजता है। दियासलाई ढूँढ़कर आरती जलाता है। हाथ में आरती पकड़े हुए लड़खड़ाता हुआ-सा जैसे-तैसे खड़ा रहता है।]

सखाराम : पी लिया है आज ... माफ कर *(बेसुरी आवाज में आरती करने लगता है। आरती हाथ में। चेहरा और आँखें नशे में धुत)*

[अन्धकार]

दृश्य सातवाँ

[बाहर के कमरे में आरती के दीये का उजाला। रसोई में अन्धकार। सिर्फ संवाद।]

सखाराम : हँस। हँसेगी कि नहीं?

लक्ष्मी : *(कराहती हुई)* नहीं।

सखाराम : हँसेगी कि नहीं?

लक्ष्मी : बदन बहुत दर्द कर रहा है–*(कराहती है)* आग जल रही है सारे बदन में ...

सखाराम : जलने दे। हँस पहले। कुछ कह रहा हूँ मैं? इस घर में रहना है तो मेरी बात माननी पड़ेगी। जो मैं कहूँगा करना पड़ेगा। हँस, नहीं तो अभी घर से निकाल बाहर कर दूँगा। निकालूँ? चल–उठ ...

लक्ष्मी : ओह छोड़ो मुझे ... उई दैया ... हाय ...

सखाराम : जब तक हँसेगी नहीं, छोड़ूँगा ...

लक्ष्मी : जान निकल रही है मेरी। मर जाऊँगी ऐसे तो ...

सखाराम : मर जा साली पर हँस पहले ...

लक्ष्मी : *(कराहती है)*

सखाराम : हँस जल्दी ... हँस ... हँसती है कि मरोड़ूँ हाथ? मरोड़ूँ? ठहर पेटी ले आता हूँ सवेरेवाली। हँस नहीं तो ... हँस! उसी तरह हँस–हँस जल्दी साली ... सुनायी दिया कि नहीं ...

[लक्ष्मी हँसने का प्रयास करती है। बीच में दर्द की कराह मिली-जुली। फिर उसकी हँसी उड़ती है। हँसती ही जाती है। जैसे कोई जोर से गुदगुदाता जा रहा हो। रुदनभरी कराह उसमें मिली–जुली। उसी में सखाराम की बदहवासी भरी हँसी भी मिली हुई है। बाहर के कमरे का दीया बुझता है।]

दृश्य आठवाँ

[मृदंग बज रहा है। कुछ क्षण अन्धकार फिर उजाला। सखाराम तल्लीन होकर मृदंग बजा रहा है। लक्ष्मी बाहर के दरवाजे से पानी का घड़ा लेकर आती है, थकी-थकी-सी रसोई में जाकर उसे रखती है और हाँफने लगती है। हाँफते-हाँफते किसी चीज का सहारा लेकर सुस्ताती है।]

सखाराम : *(उसे आया जानकर चिल्लाता है)* चाय दे एक प्याली–जल्दी–*(रसोई में लक्ष्मी वैसी ही खड़ी है। सखाराम फिर चीखता है)* मर गयी क्या? चाय दे जल्दी से।

लक्ष्मी : *(चूल्हे के पास जाकर भुनभुनाती हुई)* देती हूँ चाय भी। पानी ढोते-ढोते जान आधी रह गयी। बदन है कोई ठेला गाड़ी नहीं। मर जाती तो भी छुट्टी मिलती।

सखाराम : *(उठकर रसोई में आते हुए)* क्या कहा?

लक्ष्मी : कुछ नहीं। यह चाय ले जाओ। बन गयी। *(चाय छानकर देती है)*

सखाराम : बक-बक क्या कर रही थी अभी?

लक्ष्मी : *(एकदम बिफरकर)* झूठ कुछ थोड़े ही कह रही थी। आखिर कोई कितना सहेगा। आज एक बरसं हुआ यहाँ आये। एक दिन को भी चैन नहीं। तीज-त्योहार,

बीमारी-अरामी सब बराबर। दिन-रात कभी छोड़ा है तुमने? मर जाऊँगी किसी दिन छुट्टी मिल जायेगी।

सखाराम : हाँ-हाँ मर जा! फूँक-ताप दूँगा ठीक से। आदमी ने जब कुतिया की तरह दुत्कार दिया तब था क्या कोई टके को पूछनेवाला? घर लाकर तुझे खाना दिया, कपड़ा दिया, रहने को ठिकाना दिया, कोई खैरात बँट रही थी क्या यहाँ?

लक्ष्मी : ठिकाना कहीं भी मिल जाता। नहीं तो नदी-तालाब में कूदकर मर-मरा गयी होती। तुम्हारे दरवाजे आया ही कौन था आसरा माँगने! मर गयी होती तो छुटकारा मिल जाता।

सखाराम : तो जा अब से डूब मर। रोज तो जाती है नदी पर। रोका किसने है?

लक्ष्मी : जान भारू नहीं है मेरी। मेरी अम्माँ ने पाला-पोसा है तो इसके लिए नहीं। आदमी ने निकाल दिया तो क्या। ऐसी-वैसी नहीं हूँ मैं! बाप मुन्सिफ था मेरा।

सखाराम : मुन्सिफ जाय भाड़ में! आदमी के घर से निकाली औरत सब ऐसी ही वैसी होती हैं। कोई टके को नहीं पूछता। मैंने तो कहो सहारा भी दे दिया।

लक्ष्मी : सहारा तो रोज किसी को देते फिरते हो कोई टिकी भी? मेरी जगह कोई और होती तो कब की भाग-भूग गयी होती।

सखाराम : छह रहीं छह! तू तो सातवीं है।

लक्ष्मी : उसमें से एक भी टिकी होती तो क्या करने को मुझे ले आते?

सखाराम : तो क्या मारे गरज के तुझे लाने गया था?

लक्ष्मी : नहीं तो क्या उपकार किया मुझ पर?

सखाराम : अच्छा तो जा यहाँ से—चाय बनाने को रहने दे।

[लक्ष्मी कप में चाय डालती है।]

: जा भाग यहाँ से–निकल फौरन–

लक्ष्मी : चाय पी लो पहले। चली जाऊँगी।

[चाय का प्याला सखाराम को पकड़ाती है।]

सखाराम : सालभर रहकर घमण्ड चढ़ गया है? क्यों? *(पलथी मारकर चाय पीने लगता है)* निकल जा मेरे घर से। फिर मुँह न दिखाना।

लक्ष्मी : नहीं दिखाऊँगी। अमलनेर में मेरा भतीजा रहता है। उसके पास चली जाऊँगी।

सखाराम : जा ज्जा! मर साली! दफा हो यहाँ से?

लक्ष्मी : जब मेरा मन करेगा तब जाऊँगी।

सखाराम : क्या?

लक्ष्मी : मुर्दे को आग से क्या डर? सब तरह से तो सता लिया। अब बचा ही क्या है, जिससे डरूँ? सारी दुनिया जानती है कि यहाँ क्या होता है। जरा-जरा से छोकरे भी कहते-फिरते हैं।

सखाराम : *(चाय जल्दी से पीकर)* क्या कहते-फिरते हैं?

लक्ष्मी : उन्हीं से जाके पूछो सुनने की गरज है तो!

सखाराम : ऐरों-गैरों से नहीं पूछता फिरता मैं–तू बोल क्या कहते हैं लोग?

लक्ष्मी : मैं क्या करने को अपनी जबान गन्दी करूँ बेमतलब मार खाने को?

सखाराम : बेमतलब नहीं मारता कोई। अपनी गलती जाना करो।

लक्ष्मी : बहुत जाना है। यहाँ आयी यही गलती की।

सखाराम : जीभ सँभाल के बोल लक्ष्मी।

लक्ष्मी : क्या करोगे? मार लो जितना मारना है। ऐसे ही क्या कसर छोड़ी है? सारा बदन तो पहले ही भरता कर दिया है। इतने दिन मार छोड़ खाया ही क्या है।

सखाराम : लक्ष्मी, कहे देता हूँ गुस्सा न दिला मुझे ...

लक्ष्मी : सीधे से दो बोल कभी कसम खाने को भी नहीं। जब देखो तब हाय-तोबा, गाली-गलौज, जब-तब घर से निकाल देने की धौंस ऊपर से लात-घूँसा *(आँचल से आँख पोंछती है।)* पेटी मार-मार के खाल उधेड़ दिया और ऊपर से कहते रहे 'हँस : हँस और हँस।' दरद से जान निकलती रहे तो भी हँस। इससे तो नरक भी अच्छा होता होगा *(सिसकती है)* मर जाऊँ तो छुटकारा मिले तुम्हारे इस नरक से।

सखाराम : पहले ही दिन बता दिया था जैसा हूँ। अपने पास ढँका-मुँदा कुछ नहीं है सब खुला खेल। बता दिया था कि नहीं तुझे? यह भी कह दिया था कि ठीक लगे तो रहो वरना बाहर का रास्ता नापो। कहा था कि नहीं? तब क्या कान में ठेंठी लगी थी तेरे, कि पैर में छाला पड़ा था? गयी क्यों नहीं? पिछले बरसभर से दारू पीना भी कम कर दिया। कर दिया कि नहीं? कभी एकाध दफे पी लेता हूँ। तूही बोल चौमासे में पिया है कभी? गाँजा भी इस महीने बस दो दफे चढ़ाया। पूजा भी करने लगा तेरे आने के बाद से! रोज नहा-धोकर पूजा करता हूँ कि नहीं? बोल। दे जवाब नहीं तो मुँह तोड़ दूँगा तेरा! बोल कपड़े साफ रहते हैं कि नहीं, अब मेरे? क्यों? अब क्यों मुँह बन्द है। रोने का नखरा न कर।

लक्ष्मी : बड़ा उपकार किया मेरे ऊपर।

सखाराम : छह-छह आ चुकीं किसी की एक बात मानकर नहीं दी। मैं वह हूँ जिसने कभी बाप को बाप नहीं माना। पर तेरी बात मानी कि नहीं, बोल?

लक्ष्मी : हाँ, और उसके बदले दिन-रात मार-पीट और गाली ...

सखाराम : तो क्या यहाँ तुझे पलँग पर बैठाकर तेरी आरती उतारूँगा? तेरे पीछे दुम हिलाऊँगा?

लक्ष्मी : जब चली जाऊँगी तब लगेगा पता।

सखाराम : जा-जा सड़क की कुतिया की तरह मारी-मारो फिरेगी तब पता लगेगा।

लक्ष्मी : तो अभी कौन-सा फरक है?

सखाराम : फरक नहीं हैं? फरक नहीं लगता तुझे? तो जा भाग यहाँ से। जा उठ।

[उसे चूल्हे के पास से घसीटता हुआ दरवाजे के बाहर ठेलकर दरवाजा बन्द कर देता है और हाथ झाड़ता हुआ अन्दर आ जाता है।]

: दुबारा घर में पैरा रखा तो गला घोट दूँगा। फाँसी चढ़ जाऊँगा फाँसी, अगर जरूरत पड़ी तो। तेरी ऐसी नाकारा को मार के तो फाँसी चढ़ने को भी तैयार हूँ। नमकहराम साली।

[दरवाजा बन्द कर लेता है।]

: जा यहाँ से पाप कटे।

[एक तरफ जाकर कुढ़ा हुआ बैठ जाता है। बाहर कोई आहट नहीं।]

: खबरदार। दुबारा अन्दर आयी तो टाँग तोड़ दूँगा। जा भाग अपने रास्ते। कोई रख ही लेगा। रानीजी को पलंग पे बिठाकर आरती-पूजा करेगा। जा ब्याह रचा जा के उसके संग। जा भाग। मैं मर गया तेरे लिए। कमीनी साली! दिमाग चढ़ गया है। ऊपर से बुरा मैं ही हो गया। आसरा दिया इसीलिए?

[पूरे घर में चक्कर लगाता है। दरवाजे पर थपथपाहट।]

: जा-जा! मर गयी तू मेरे लिए। भीतर आने का काम नहीं। चली जा यहाँ से।

दाउद : *(दरवाजा खटखटाकर)* सखाराम! अमाँ ओ सखाराम भाई।

सखाराम : कौन? दाउद?

[दरवाजे के पास जाता है। खोलने को होता है फिर रुक जाता है।]

: दाउद भाई! बाहर अकेले ही हो न तुम?

दाउद : *(बाहर से ही)* खोलो भी तो। बिल्कुल अकेले ही हूँ यार।

सखाराम : वह साली हरामजादी चली गयी न?

दाउद : अमाँ दरवाजा तो खोलो यार। *(सखाराम दरवाजा खोलता है दाउद अन्दर आकर)*

: क्या तमाशा बना रखा है?

[लक्ष्मी जल्दी से घुसकर अन्दर रसोई में जाने लगती है।]

सखाराम : *(चीखकर)* फिर घुसी आ रही है भीतर?

दाउद : जाने दो सखाराम।

सखाराम : अब यहाँ क्या करने आयी है? यहाँ किसी को गरज नहीं है।

[लक्ष्मी चूल्हे के पास जाकर काम में लग जाती है।]

: अपने को किसी की गरज नहीं है। अकेलेदम रह लूँगा। साली समझती क्या है मुझे? मरद बच्चा होऊँगा तो पचास और लाकर रख लूँगा। एक अकेले तू ही सोना-मोती जड़ी नहीं है। जा निकल यहाँ से--उठ! जा यहाँ से।

दाउद : यार क्या रोज-रोज बेमतलब किचकिच किया करता है। छोड़ भी! आदमी-औरत में तो यह सब चलता ही रहता है।

सखाराम : आज तक किसी को मेरी तरफ आँख उठाकर देखने की हिम्मत नहीं हुई। और यह निकाली हुई साली टके की औरत मेरे ऊपर रोब जमाती है। हरामजादी को रण्डी बना के छोड़ूँगा। बैठो तुम, मैं अंगारा लेकर आता हूँ।

[धूपदानी लेकर अन्दर आता है। लक्ष्मी रसोई में चूल्हे के पास बैठी है।]

: आग दे निकाल के।

लक्ष्मी : निकाल लो अपने से गरज है तो।

सखाराम : मैं कहता हूँ आग दे निकालकर।

लक्ष्मी : जब गरज नहीं है तो फिर काहे को? करो न अपने हाथ से।

सखाराम : *(क्रोध से तिलमिलाकर चीखता है)* आग चाहिए मुझे।

लक्ष्मी : क्यों मैं रंडी हूँ, टके की औरत हूँ, कुतिया हूँ, मार डालो मुझे। मारो न। रुक क्यों गये हो? मारो जित्ता जी करे। मार डालो नहीं तो जिन्दा ही फूँक-ताप दो ले जा के। मेरा अपना कोई नहीं है इसी से तो ... जान तो फालतू है मेरी।

[सखाराम अपने ऊपर बहुत काबू करता है। किसी तरह अपने-आप ही आग निकालकर बाहर दाउद के पास जाता है। बिना कुछ कहे-सुने चिलम भरने लगता है। लक्ष्मी बार-बार आँख पोंछती हुई खाना बनाने लगती है।]

[अन्धकार]

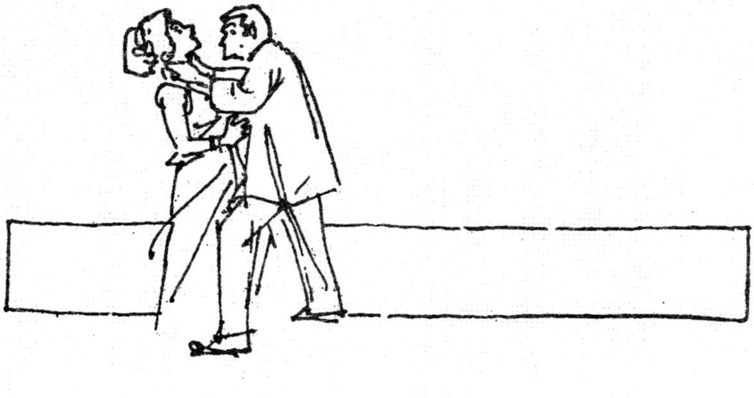

दृश्य नवाँ

[मृदंग खूब जोर-जोर से बजने लगता है। रसोई और बाहर के कमरे में हल्की रोशनी। अन्दर लक्ष्मी जमीन पर कथरी बिछाये हुए लेटी हुई है। बाहर सखाराम भूत-जैसा बैठा बेतहाशा मृदंग बजाये जा रहा है। उसी में तन्मय है। दाँत होंठ भींचे हुए हैं।]

[बाहर से एक खीझी हुई आवाज]

ए! अरे बन्द करो यह ... यह क्या आधी रात को शोर मचा रखा है?

दूसरी आवाज : ए ... ए ढोलकवाले ...

[सखाराम बदहवास-सा बजाता ही जा रहा है। फिर एकाएक बजाना बन्द करके उठता है। रसोई की तरफ जाता है।]

सखाराम : जाग रही है?

[उत्तर नहीं मिलता।]

: कुछ पूछ रहा हूँ, जाग रही है कि सो गयी?

[उत्तर फिर भी नहीं।]

: मादरचो-साली! कोई जवाब ही नहीं, उठ पहले, उठ! सुन जो कहता हूँ।

[उसे जबरन उठाकर बैठा देता है। बिस्तर अलग फेंक देता है।]

: सुन! गलती हुई मेरी तरफ से। एक तो ऐसे ही दिमाग मेरा गरम है, ऊपर से तू उल्टा-सीधा बोलकर और भी आग लगा देती है अच्छा बोल झूठ कहता हूँ? साल भर में दारू पीना कम कर दिया कि नहीं? पूजा भी करने लगा। इतना किया यह क्या कुछ भी नही है?

[वह मुँह पर आँचल लगाये बैठी है।]

: छह आकर चली गयी कभी किसी की एक बात भी नहीं मानी। जैसे रखा वैसे रहीं। एक तू आयी है अनोखी। ऊपर से लगती है सीधी पर भीतर से घाघ पूरी। क्या झूठ कह रहा हूँ बोल? उठ। नींद का नखरा न दिखा मुझे। बहुत हुआ सोना। सुन कान खोल के। सुनती है कि नहीं? हुँकारी भर। भर हुँकारी। 'हाँ' कह!

लक्ष्मी : *(नींद से बोझिल स्वर में)* हाँ!

सखाराम : साल भर तूने मुझे सताया–मैंने तुझे सताया। मैं तुझसे ऊब गया। तू भी मुझसे उबिया गयी। क्यों? ठीक कहता हूँ न? हाँ कह!

लक्ष्मी : *(नींद में ही)* हाँ!

सखाराम : तुझे अब मेरे पास मजा नहीं आता। मुझसे भी तेरा स्वभाव निभता नहीं। दिमाग भड़क जाता है। बदन में आग लग जाती है।

लक्ष्मी : *(उसी स्वर में)* हाँ!

सखाराम : 'हाँ' क्या? साली पागल कर देगी मुझे!

लक्ष्मी : हाँ ...

सखाराम : बन्द कर यह हाँ-हाँ। बहुत हुआ। सुन! तेरा-मेरा कोई ब्याह नहीं रचा है। कोई बन्धन नहीं है। एक-दूसरे के साथ रहने की कोई जबर्दस्ती नहीं है। तेरे लिये तेरा रास्ता खुला है। मेरे लिए मेरा। तेरी कोई देनदारी मुझ पर नहीं। मेरी कोई देनदारी तुझ पर नहीं। चल हम अब एक-दूसरे से छुटकारा ले लें। तेरा कोई भतीजा है कह रही थी न अमलनेर में ... कल तू उसके पास चली जा। टिकट-विकट ले दूँगा। साथ में साड़ी-जम्फर कायदे से दे दूँगा। जो साथ लायी है वह भी ले जा। पहने हुए कपड़े भी तेरे। ऊपर से दस-पाँच खर्चे के लिए दे दूँगा। बाद में कहने को न रहे कि कुछ किया नहीं। आराम से जहाँ जाना हो चली जा। मैं तुझे कोई तोहमत नहीं देने का। पर हाँ! अपने बीच सब नाता आज से खतम है। समझ में आया? क्या?

लक्ष्मी : *(अस्पष्ट स्वर में)* हाँ!

[अन्धकार]

दृश्य दसवाँ

[उजाला।

दरवाजे के पास गठरी बँधी रखी है। एक ट्रंक भी। लक्ष्मी रसोईघर मे सामान सहेज रही है। सखाराम दरवाजे के पास खड़ा है।]

सखाराम : खतम हुआ काम कि नहीं? गाड़ी का बखत हो गया।

लक्ष्मी : बस ठाकुरजी को हाथ जोड़ के आयी।

[भगवान की तस्वीर के आगे दिया जलाती है। झुककर नमस्कार करती है। फिर वापस आती है। एकाएक कुछ याद आ जाता है। फिर लौटकर कुछ सामान ठीक-ठाक करती है।]

सखाराम : *(सामान उठाकर)* चल जल्दी।

लक्ष्मी : जरा रुको। सामने जरा उन लोगों से कह आऊँ! ऐसे जाना अच्छा नहीं लगता।

[बाहर जाती है। सखाराम ट्रंक गठरी रखकर खड़ा रहता है। लक्ष्मी जाती है।]

सखाराम : हो गया सब काम?

लक्ष्मी : कोई बाहर जाये तो फौरन झाड़ू नहीं लगाना चाहिए। गरीबी आती है। जाने से पहले अपने हाथ से लगाये देती हूँ।

सखाराम : पर गाड़ी चल देगी ...

[लक्ष्मी जल्दी-जल्दी झाड़ू लगाती है।]

: अब चल निकल जल्दी ...

लक्ष्मी : लो! *(एकाएक रुककर)* एक काम छूटा ही जा रहा था।

[अन्दर जाती है। सखाराम खीझता है। लक्ष्मी वापस आती है।]

सखाराम : क्या छूट गया था?

लक्ष्मी : चींटे को शक्कर देना भूल गयी थी। अच्छा हुआ याद आ गयी *(खिड़की के पास आती है बाहर कौओं की काँव-काँव)* जाती हूँ रे काऊ! रोज आता था बिचारा। मैं खिलाती थी तभी खाता था। अब कौन देगा खाना उसे?

सखाराम : मैं खिला दूँगा। तू निकल किसी तरह यहाँ से ...

लक्ष्मी : पाँव उठता नहीं है।

सखाराम : वह तो दिखायी दे रहा है।

लक्ष्मी : *(घर की तरफ देखकर)* सालभर रही। सारा घर ऐसा चमक गया था! अब फिर ... *(आँचल से आँख पोंछती है)* माया बड़ी बुरी है ...

[सखाराम इस उतावली में है कि वह कब किसी तरह जाये घर से।]

सखाराम : तो फिर छोड़ न माया-वाया चल जल्दी-

[लक्ष्मी उसके पैर छूती है वह पैर पीछे हटा लेता है।]

: यह क्या ... यह किस लिए ...

लक्ष्मी : फिर भेंट नहीं होगी। माँ-बाप ने जिसके गले बाँधा वह नसीब में नहीं रहा। उसको मेरी जरूरत नहीं रही। यहाँ

आयी तुम्हारे पास! तुमको अपना माना। अपना मान के सब कुछ दिया। कुछ रखा नहीं। ... अपनी देखभाल करना। बहुत पीना नहीं। ठीक समय से खाना खा लेना। पूजा करते रहना, भूलना नहीं। उससे पुत्र होगा। देवी की भभूत भीतर सिकहर पर पुड़िया में रखी है, प्रेस जाते बखत लगा लिया करना।

सखाराम : सब कर लूँगा। तू जा यहाँ से किसी तरह।

[सिसकती हुई लक्ष्मी को बाहर टेलकर खुद भी बाहर निकल जाता है। दरवाजा बन्द करके ताला लगाता है। दोनों चले जाते हैं। कुछ क्षण स्तब्धता।]

दृश्य ग्यारहवाँ

[आहिस्ते से प्रकाश फैलता है। दाउद और सखाराम गाँजा चढ़ाये हुए।]

सखाराम : दाउद भाई। इतनी आयीं गयीं पर इसके जाने से पता नहीं क्यों कुछ खाली-खाली लगता है।

दाउद : *(नशे में कुछ बुदबुदाहट भरे स्वर में)* हाँ लगता होगा ...

सखाराम : मगर उसे अब चलाये रखने से कोई फायदा नहीं था। बेमतलब रोज-रोज की किचकिच साली। फिर उसे बहुत तकलीफ भी होती थी। कमजोर तो पहले ही मरद की मार खा-खाकर हो गयी थी। कुछ उमर की वजह से भी थक गयी थी। फिर अपना हाल तो तुम जानते ही हो यार! कुछ भी कहो यह शरीर है तो आखिर वासना का भण्डार अपने काबू में रहता नहीं–इसीलिए सोचा अब बेचारी को तकलीफ देना ठीक नहीं। रहेगी अपने भतीजे के पास। बची-खुची जिन्दगी पूजा-पाटी में गुजार लेगी ...

दाउद : *(उसी पीनक में)* अच्छा किया।

सखाराम : तुम भी इस बात को ठीक मानते हो न?

दाउद : हाँ-हाँ, एकदम पक्की बात है। मैं भी आजकल यही सोचता था।

सखाराम : क्या?

दाउद : यही कि अब तुम्हारा यह सरदर्द खत्म होने का समय आ गया।

सखाराम : न उसको सरदर्द न कहो यार।

दाउद : ठीक है नहीं कहूँगा।

[दोनों गाँजे का दम मारते हैं। उसी में तल्लीन-से बैठे रहते हैं। एक क्षण की चुप्पी। फिर दाउद बोलता है।]

: सखाराम भाई। अगली का क्या सोचा है?

सखाराम : अगली का? यानी क्या?

दाउद : यानी नया कुछ।

सखाराम : नया?

दाउद : मतलब नया पंछी कब लानेवाले हो?

सखाराम : *(विचार-निमग्न-सा)* अच्छा-अच्छा वह! हाँ! अभी दो दिन पहले एक खबर कान में पड़ी है। चिमखड़े के कोई डिसमिस पुलिस फौजदार के बारे में। उसकी औरत दस पन्द्रह दिन में शायद उसे छोड़नेवाली है। औरत की माँ सौतेली है। और दूसरा कोई है नहीं। हो सकता है कि कल ही परसों में कुछ-न-कुछ बात बन जाये।

दाउद : अच्छा है तब तो!

सखाराम : अब कल से उसी के चक्कर में रहूँगा।

दाउद : हाँ जरूर। लो, चिलम लो।

[दोनों उसी तरह बैठे रहते हैं धीरे-धीरे अन्धकार। परदा गिरता है।]

अंक दूसरा

दृश्य एक

[सखाराम बाहर से चिल्ला रहा है, 'ए ... क्या है? इतनी बार कहा समझ में नहीं आता क्या? हरामजादे साले ... चलो भागो यहाँ से। सिनेमा हो रहा है क्या यहाँ कि नौटंकी? सालो! खाल खींच लूँगा एक एक की ... भागो ...'

बाहर का दरवाजा खुलता है। सखाराम घर के अन्दर जाता है। हाथ में चमड़े की एक अटैची। पीछे-पीछे कुछ ठहरकर एक स्त्री जाती है। यह लक्ष्मी की तुलना में कुछ-कुछ युवा, कुछ स्थूल और देखने में आकर्षक है। यह चम्पा है।

सखाराम पहले अंक के आरम्भ में जो कुछ लक्ष्मी से कहता है, क्रम से चम्पा को भी सुनाता है। फर्क इतना ही है कि उसकी नजर बार-बार चम्पा के शरीर पर फिरती रहती है। और चम्पा रह-रहकर अकारण खिल-खिल करती हुई हँसती रहती है। जिसकी वजह से सारी अपनी शर्तें और बातें उसे सुनाते-सुनाते सखाराम शिथिल होता जाता है। किसी तरह 'अपने घर में मेरी कदर रहनी चाहिए' इस वाक्य तक पहुँचता है। दोनों की आँखों मिलती हैं और सखाराम एकदम स्तब्ध हो जाता है। इसी बीच किसी समय दरवाजे पर दाउद आकर खड़ा है।]

दाउद : *(अनजाने में)* याहूऽ!

[सखाराम और चम्पा चकित होकर उसे देखते हैं। दाउद झेंप जाता है।]

: माफ करना यार, मगर ...

सखाराम : नहीं–नहीं कोई बात नहीं।

दाउद : बात यह है कि अभी ऐसा देखा नहीं था न इसलिए–

सखाराम : ऐसा यानी क्या?

दाउद : क्या यार बातें बनाते हो–लेकिन सखाराम भाई–*(आँख मारकर, चुटकी से 'क्या बात है' जैसा भाव दर्शाकर, धीरे से सखाराम के कान में)* बड़ा किस्मतवाला है यार तू तो! क्या था और क्या आ गया तेरे हाथ! मैं चला। फिर आऊँगा।

[जाते–जाते चम्पा पर फिर एक नजर डालता हुआ चला जाता है। सखाराम और चम्पा एक दूसरे को देखकर अकारण ही हँसते हैं। सखाराम उसके शरीर के आकर्षण में घायल हुआ–सा है।]

सखाराम : *(स्वर के तेवर में नर्मी)* घर पसन्द आया।

चम्पा : उहुँक! पहिलेवाला हमारा घर बहुत बढ़िया रहा। बड़ा भी रहा।

सखाराम : अब जैसा है यही है।

चम्पा : छिः पुराना कित्ता है। एकदम बाबा आदम के जमाने का है।

सखाराम : *(अपने को काबू में करता हुआ)* पसन्द नहीं है तो जाओ। बाहर का रास्ता नापो! चलो, उठो।

चम्पा : बाहर का रास्ता? का बाहर कौनों और घर है?

सखाराम : नहीं, बस यही है। और यह भी कोई राजा का महल नहीं। सखाराम बाइंडर का घर है।

चम्पा : सखाराम बैंडर कौन?

सखाराम : *(जरा अचकचा जाता है)* मैं ही।

चम्पा : हाय दैय्या! हम तो समझी कि कौनों और! सच्ची! राम कसम।

सखाराम : *(चम्पा के शरीर के आकर्षण से अपने-आपको जबरन उबारता हुआ)* शर्त मन्जूर हो तो चूल्हे के पास जाकर चाय बनाओ। दूध-ऊध वहीं चूल्हे के पास होगा। अरे हाँ। एक बात कहनी रह ही गयी। ब्याही औरत की तरह रहना पड़ेगा इस घर में ...

चम्पा : हमें बड़ी भूख लगी है। खाने के लिए दे कुछ जल्दी।

सखाराम : अन्दर देखो जाकर कुछ होगा रसोई में।

चम्पा : *(पसरकर बैठती हुई)* तो देख न तू।

सखाराम : *(सकपकाता है। फिर कहने लगता है)* इस घर में आयी औरत को अदब के साथ रहना चाहिए। मेरी कदर और इज्जत रहनी चाहिए इस घर में।

चम्पा : ए! देख न भीतर खाने को है का कुछ? कल से पेट में कुछ गया नहीं। चलते बखत एक अमरूद हाथ में लगा था। वही खाया है। पेट कुड़कुड़ा रहा है।

सखाराम : *(उसके शरीर पर से जबरन अपनी आँखें हटाता हुआ)* यहाँ रहते किसी से डरने की जरूरत नहीं। यह सखाराम बाइंडर सबका काल बन के बैठा है यहाँ।

चम्पा : डर? हमै केसे डर है। ऊ हरामी भतार से *(थूकती है)* बड़चो-कर का लेगा हमारा? चार-छह दिन और रह गयी होती हरामी के घर तो मजा चखाय देती। वह तो हमीं ऊब गयी रहीं बड़चो के साथ रहि रहिके। जब देखो तब दारू पी-पी के हमें धौंस दिखाता रहा, 'जान दै दूँगा। जान दै दूँगा' हुँह! हरामी जान देगा मुँह-जला! कुछ दे न खाने को जल्दी से।

सखाराम : *(जरा ठिठकता है फिर मेज की तरफ जाता है)* हाँ-हाँ, ला रहा हूँ।

चम्पा : ए! ढोलकी बजाता है का तू?

सखाराम : ढोलकी नहीं है। मृदंग है।

चम्पा : दोनों एकै जैसा। बड़चो हमरे भतार के मूँ की तरा। कहने को फौजदार रहा मगर चोरौ न मूतै हरामी के मूँ पे। सरकार ने डिसमिस कर दिया। पिस्तौली चोरी चली गयी रही। चोरी की खबर हरामी को दूसरे दिन लगी ऐसा धुत्त पड़ा रहता रहा पी-पी के।

[अन्दर से थाली में कुछ खाने का सामान लेकर आ रहे सखाराम को यह सुनकर आश्चर्य से धक्का लगता है।]

सखाराम : *(बाहर के कमरे में आकर क्रोध को दबाता हुआ)* इस घर में रहकर औरत को तमीज से बातचीत करनी चाहिए। उल्टी-सीधी बकबक यहाँ नहीं चलेगी।

चम्पा : हाँ *(खाने लगती है)* सोच-सोच के बदन में आग सुलग जाती है; हरामी हमसे धंधा करावै चला रहा। बड़चो की अम्माँ फिर से बियायेगी तब पैदा होगा हमसे धन्धा करावैवाला *(खाना खाकर उँगली चाटती है)* और नहीं तो का? हम का कोई रण्डी-मुण्डी हैं? ए-जरा चाय बना के दे न बढ़िया-सी।

सखाराम : इस घर में यह सब काम औरत करती है।

चम्पा : तो कह न औरत से।

सखाराम : यहाँ नौकरानी नहीं रहती। इस घर में जो औरत आती है वही करती है।

चम्पा : हाय दैय्या! हमें कह रहा है तू? हमैं नहीं चाय-फाय बनानी आती?

सखाराम : बनानी नहीं आती?

चम्पा : न न! हमैं नहीं आती। ऊ घर में सास बनाती रही, भतार के घर। औ मैके में बाप करता रहा। खाना भी वही

पकाता रहा। अम्माँ की पान-तम्बाकू की दुकान रही। बढ़िया बिजनेस रहा अम्माँ का। दारू भी बिकती रही। वहीं तो आया रहा यह मुरदार। मरद हमारा। रेड करने आया रहा और जबरदस्ती रेड करके चला गया। फिर तो जब देखो तब हाजिर। 'ब्याह कर ब्याह कर' रट लगाये था। हमने कर लिया। हमैं का पता रहा कि हिजड़ा है हरामजादा! नहीं कोई गन्दी बात नहीं करेंगी हम। याद है हमैं तेरी बात। चाय का कर न कुछ जल्दी से। खाना खाया कि ऊपर से चाय लगती है फौरन।

[सखाराम सकपकाया-सा खड़ा है। आँखें अभी भी चम्पा के शरीर से खेल रही हैं। सहसा दरवाजे पर दाउद आ खड़ा होता है।]

सखाराम : *(पहले दाउद को देखकर चौंकता है फिर उसे बुलाता है)* आओ यार! *(उसे एक तरफ ले जाकर)* यार दाउद! जरा चाय बना दोगे क्या?

दाउद : हाँ-हाँ क्यों नहीं? अमाँ यार ऐसे माशूक के लिए तो ... माफ करना।

[दाउद रसोई की तरफ जल्दी से लपकता है। बर्तन वगैरह खोज--खाजकर चाय चढ़ाता है। ध्यान बाहर वाले कमरे में है।]

सखाराम : *(कुछ याद करके चम्पा से)* तुमसे पहले वाली जो थी यहाँ पर। सातवीं। गयी कल ही तो ...

चम्पा : च्च च्च च्च च्च क्या बीमार रही?

सखाराम : क्या मतलब? मर थोड़े ही गयी! यहाँ से चली गयी। मैंने ही भेज दिया। जो गरजू होती है उसी को यहाँ रखता हूँ। यहाँ सब-कुछ उसे ब्याही औरत की तरह करना पड़ता है। दोनों को या किसी एक को ऊब लगी कि बस पत्ता कटा। जहाँ उसे जाना हो फौरन भेज देता

हूँ। टिकट-विकट ले देता हूँ। ऊपर से साड़ी-जम्फर। अलावा यहाँ मिली हुई सब चीजें ले जाने की खुली छूट।

चम्पा : हमें नहीं जाना इत्ती जल्दी।

सखाराम : *(उतावले मन से)* मैं ही कहाँ अभी भेज रहा हूँ?

[दोनों एक दूसरे को देखकर बेमतलब पागल की तरह हँसते हैं। पहले चम्पा फिर सखाराम। फिर सखाराम अपने पर जबरन काबू करता हुआ।]

: मगर यहाँ पर यहाँ का तौर-तरीका मानकर रहना पड़ेगा।

चम्पा : *(जोर से पुकारकर)* दाऊत ए दाऊत। *(दाउद अन्दर से भागा दौड़ा हुआ आता है।)*

: जरा एक बीड़ा पान और तम्बाकू ला दे मेरे लिए ...

दाउद : *(एकदम पिघलकर)* आँ? हाँ-हाँ-क्यों नहीं ... लाता हूँ ... लाता हूँ ...

[भागता हुआ बाहर जाता है।]

सखाराम : ए–

[दाउद अनिच्छा से रुक जाता है।]

: एकदम गधे की तरह भागने क्या लगे। पैसा ले जाओ। दो पान ले आना। और हाँ, वह चाय का क्या किया?

दाउद : बस अभी बनी जाती है ... मैं अभी आया ...

[भागता हुआ जाता है। मुड़-मुड़कर चम्पा को देखता जाता है।]

चम्पा : अच्छा है।

[सखाराम को जरा ईर्ष्या होती है। दाउद से कुछ कहने के बहाने दरवाजे के पास जाता है और दाउद के जाते ही धीरे से दरवाजा बन्द

कर लेता है। दोनों फिर एक-दूसरे को देखकर अकारण हँसते हैं। सखाराम अब चम्पा के खिंचाव में बेहाल-सा हो चला है।]

सखाराम : *(चम्पा के करीब आता हुआ)* और क्या! अच्छा तो है ही बहुत अच्छा है।

[अब दोनों एक-दूसरे के बहुत करीब हैं। सखाराम बेसब्र होकर उसके कंधे पर हाथ रखता है। दरवाजे पर खटखटाहट। दाउद की पुकार, 'सखाराम भाई! दरवाजा खोलो।' सखाराम होश में आकर दरवाजे के पास आता है। दरवाजा खोलता है।]

दाउद : *(अन्दर जाता हुआ)* यार इतनी जल्दी दरवाजा भी बन्द कर लिए ... *(चम्पा को पान देता है। वह उसकी तरफ देखकर जानलेवा हँसी हँसती है। दाउद भागता हुआ रसोई में जाकर चाय बनाने लगता है।)*

चम्पा : *(दाउद जिस ओर जाता है उधर देखती हुई)* बहुत अच्छा है।

सखाराम : हाँ, मगर इस घोर में बाहरी आदमी के साथ ज्यादा बातचीत करना मुझे पसन्द नहीं। मैंने शुरू में ही जो-जो बातें बता दी हैं वह सब याद रखना।

चम्पा : ए! अब हम जरा कपड़े बदलने जा रही हैं *(अटैची खोलने लगती है।)*

सखाराम : रुको! दाउद बाहर आ जाये तो रसोई में जाकर बदलो कपड़े।

चम्पा : मगर जब यही घर में रहना तो शरम काहे की?

[जरा किनारे जाकर निःसंकोच साड़ी बदलने लगती है। दाउद दो कप चाय लेकर आता है। यह दृश्य देखकर जीभ काटता है। अनदेखा करने का भाव जाहिर करता है। चम्पा को कोई संकोच नहीं।]

सखाराम : दाउद! अब आगे से मैं ही तुम्हारी दुकान पर आ जाया करूँगा। वहीं मिल लिया करूँगा। क्यों? मेरे ख्याल से वही ठीक रहेगा।

दाउद : *(सखाराम के हर वाक्य के बाद)* हाँ, वाकई यही ठीक होगा–अच्छा। *(मगर ध्यान कपड़े बदलती हुई चम्पा पर। अन्ततः रहा नहीं जाता। बोल पड़ता है।)* अहा ... वाह ...

सखाराम : क्या हुआ?

दाउद : गजब ... *(उसी भाव में डूबा-सा)* अच्छा भाई। चलता हूँ। *(फिर रुककर)* फिर आऊँगा।

सखाराम : नहीं–नहीं। मैं ही आ जाऊँगा।

दाउद : हाँ। आ जाना। *(चम्पा को सम्बोधित करता हुआ)* भा ... *(भी मुँह से निकल नहीं रहा है)* मैं चलता हूँ। चाय रखी है भीतर *(जल्दी से बाहर निकल जाता है।)*

चम्पा : *(जिधर वह जाता है उधर देखते हुए)* बड़ा सुन्दर है!

सखाराम : समझ गया। कितनी दफे कहोगी? लो चाय लो–

[दोनों चाय पीने लगते हैं।]

चम्पा : *(चाय का घूँट भरकर)* बहुत बढ़िया चाय है।

सखाराम : *(क्रोध में बिफरकर)* बस बहुत हुआ, अच्छा है, सुन्दर है, *बढ़िया है। बन्द करो यह बकवास।*

चम्पा : क्यों चाय बढ़िया नहीं है?

सखाराम : *(सहसा गलती का एहसास होने पर)* ओ चाय के लिए कह रही थीं। मैं समझ ...

चम्पा : *(पान गाल में दबाकर सखाराम से)* ले तू भी खा।

सखाराम : अपने हाथों से खिला दो।

चम्पा : *(उपेक्षा से)* ला दे खिला दें! *(पान लेकर उसके मुँह में डाल देती है।)* ले खा। हमें तो बड़ी नींद आ रही है।

चार दिन चार रात सोने नहीं दिया बड़चो कलमुँहे ने। दिन रात जान दै दूँगा, जान दै दूँगा की धौंस ... *(जँभाई लेकर)* सोने जा रही हैं जरा देर हम।

सखाराम : दिन में?

चम्पा : और नहीं तो का रात में? खाना बन जाय तो उठा देना। कहाँ, खटिया-वटिया बिछौना-उछौना कहाँ धरा है?

सखाराम : वह सब यहाँ नहीं है।

चम्पा : नहीं है? का माने? घर है कि सड़क?

सखाराम : और खाना भी खुद बनाना पड़ेगा। औरतवाला काम औरत को ही करना होगा। यहाँ का नियम है यह।

चम्पा : नियम चलाने को यह कौनो स्कूल है क्या? कि पंचायत?

सखाराम : नियम यहाँ मानकर रहना होगा। जिसको मंजूर न हो वह बाहर का रास्ता नापे।

चम्पा : *(बड़ी-सी जँभाई आवाज के साथ लेती हुई)* बड़ी नींद आ रही है। *(पास में पड़ी हुई एक कथरी उठाकर जमीन पर बिछाने लगती है।)*

सखाराम : यहाँ पर नहीं, अन्दर। कोई आ जायेगा तो क्या कहेगा।

चम्पा : *(कथरी उठाकर अन्दर जाती हुई)* का कहैगा का? यही कहैगा कि सो गयी है और का? नींद भी क्या किसी के बाप की गुलाम है?

[रसोई में जाकर जमीन पर कथरी बिछाती है और सिर के नीचे हाथ लगाकर लेट जाती है। जरा देर में ही सो जाती है। सखाराम रसोई के दरवाजे पर खड़ा यह देखता है। कमरे में चक्कर काटता है। सोती हुई चम्पा को बार-बार देखता है। उसके मन की वासना अब पूरी

तरह जागृत हो गयी है उसी समय बाहर कौआ चीखने लगता है।]

सखाराम : *(कौए को धीरे से हँकाता हुआ)* है है हक् *(कौआ चिल्लाता रहता है। सखाराम बेचैन है। बाहर का दरवाजा बन्द कर लेता है। चम्पा जहाँ सो रही है वहाँ आता है। जरसी उतारकर फेंक देता है उसके पास जमीन पर बैठ जाता है। गरम स्वर में)* सो रही हो क्या ... उठो ... उठो ... सो गयी क्या ...

[बाहर कौआ और जोर से चिल्लाता रहता है। वह उस व्यवधान को बर्दाश्त नहीं कर पाता है। बैठा-बैठा आवाज ही आवाज लगाकर उसे हड़काता है।]

: ए भाग साले मादरचो ...

[फिर नजर चम्पा पर। उसके ऊपर एकाएक हाथ रखता है। चम्पा जोर से चिल्लाकर कथरी पर उठ बैठती है। सखाराम घबराकर अलग हट जाता है।]

चम्पा : का है? है का? आँय? ओ तू है! मैं समझी वह कलमुहाँ हरामजादा। मरद हमारा। का हुआ? खाना बन गया? काहे को उठाया हमें?

[सखाराम सकपकाया-सा खड़ा है। उत्तर नहीं दे पाता।]

: हाय दैय्या यह बात है? आया समझ में। अच्छा सूझा तुझे। बड़ी बात हुई कि जाग गयी हम। ए सुन! मरद का घर छोड़ा जरूर है पर हम कोई कोठेवाली रण्डी नहीं। इज्जत बचाने को ही छोड़ा है उसका घर। क्या करने चला था मुरदार। आपे में रह जरा। तू भी क्या सड़क का कुत्ता है? नींद तो ले डूबा हमारी अब जरा खाने-वाने का जल्दी से कर कुछ जा!

[बड़ी-सी जँभाई लेती है। सखाराम जल्दी से जरसी ढूँढ़कर पहनता है। बाहर निकल जाता है। वह अकेले ही बैठी हुई है। चेहरे पर नींद और सुस्ती है। बगल की कथरी के नीचे से एक छोटी-सी डिबिया निकालती है और उसमें से तम्बाकू निकालकर मलती है फिर होंठ में दबा लेती है। वह तम्बाकू चुबलाती रहती है कि अन्धकार।]

दृश्य दूसरा

[उजाला। दिन का समय। धूप-जैसी रोशनी। सखाराम बाहर के कमरे में बिछावन पर पेट के बल, अस्त-व्यस्त पड़ा सो रहा है। मुर्दे की तरह। दरवाजा खुला है। कमरे में और कोई नहीं है। खाकी वर्दी में एक व्यक्ति दरवाजे से झाँकता है। सिर पर थानेदारोंवाली टोपी तिरछी लगी हुई है। दाढ़ी के खूँटे बढ़े हुए। चेहरा पियक्कड़ों की तरह। मगर इस वक्त होश में है। बगल में दबा हुआ एक सामान से कसा हुआ गन्दा कैनवस का थैला। वह एक बार अन्दर नजर डालता है फिर ढीठ होकर भीतर घुस जाता है। जूता उतारता है। थैला धीरे से उतारकर एक तरफ रखता है। पेट के बल पड़े हुए सखाराम को चारों तरफ चक्कर लगाकर उसे देखता है। एक भद्दी-सी डकार लेता है। फिर एक कोने में जाकर चुपचाप बैठ जाता है। कुछ देर इसी तरह बैठा रहता है फिर उठकर रसोई के पास जाकर अन्दर झाँकता है। अन्दर जाकर हाथ-मुँह धोता है। ढके हुए बर्तन खोल-खोलकर देखता है, फिर वापस आकर थैले से बोतल निकालकर एक घूँट गले के नीचे उतार देता है। बोतल थैले में डालकर चुपचाप बैठा रहता है। अब सखाराम कुछ भुनभुनाता है। फिर करवट लेता है। जागने को है।]

सखाराम : ए ...

[घर में कोई नहीं है। दुबारा।]

: ए ... जरा देख यह धूप कहाँ से आ रही है ...

[कौन देखे।]

: मादरचो-फिर ...

[बिछावन से मुँह पर पड़ती हुई धूप को रोकना चाहता है पर सफल नहीं हो पाता। कोने में खड़ा-खड़ा वह व्यक्ति यह सब बड़ी उत्सुकता से देख रहा है।]

: अरे ए ... कान फूटे हैं क्या तेरे ...

[कोई रिस्पॉन्स नहीं। आँखें बन्द किये-किये ही बहुत क्रोधित होकर।]

: घर में आदमी रहते हैं या पत्थर? इतना चिल्ला रहा हूँ फिर भी खिड़की बन्द नहीं करती ...

[उठकर बैठ जाता है आँख अभी भी खुल नहीं पा रही है।]

: कहाँ गयी? सवेरे-सवेरे चली कहाँ गयी?

[किसी तरह आँख खोलता है। सामने उत्सुक और निस्पृह से बैठे हुए खाकी वर्दीवाले उस व्यक्ति को आँख मिच-मिचाकर देखता है।]

: कौन? कौन है इधर?

[वह व्यक्ति सिर्फ नर्वस-सा मुस्कुराने की कोशिश करता है पर साहस नहीं जुटा पाता।]

: कौन है तू? सीधे घर के भीतर? यह चली कहाँ गयी? दरवाजा एकदम खुला?

[हड़बड़ाकर उठता है।]

: धूप भी कितनी चढ़ आयी है। अरे ए...पहले तू बोल! तू कौन है! सीधे घर के भीतर ही घुस आया? *(रिस्पॉन्स नहीं)* क्या काम है? यह घर है कि धर्मशाला?

[अब नींद पूरी तरह उचट गयी है।]

: खड़ा हो जा झटपट। किससे काम है? बोल! कौन है तू?

[वह विवश होकर उठता है। सिर हिलाकर संकेत करता है कि उसे किसे से काम नहीं है—चेहरे पर स्नेहयुक्त मुस्कान।]

: तब फिर चोर की तरह क्यों घुस आया घर में?

[वह व्यक्ति इनकार में सिर हिलाता है।]

: पुलिस के हवाले कर दूँगा तुझे *(उसे ठीक से देखकर)* पर पुलिस थानेदार की तरह तू ही लग रहा है। सचमुच। मगर थानेदार का यहाँ क्या काम है? इस सखाराम बाइन्डर को समझा क्या है तूने? सड़क का उचक्का! भाग यहाँ से निकल जा फौरन। बाहर से कह जो कहना-सुनना हो, चल। जा बाहर ...

[वह जाने को जरा भी उत्सुक नहीं दिखता। दुबारा बैठने के चक्कर में है।]

: बैठ नहीं। खड़ा रह।

[वह खड़ा रहता है। उसे अच्छी तरह देखकर।[

: तू ...

व्यक्ति : *(नर्वस-सा मुस्कुराकर अधूरा नमस्कार करता हुआ)* आदमी चम्पू का-फौजदार शिन्दे कहते हैं सब मुझे। डिसमिस हूँ।

सखाराम : *(सिर तप जाता है)* वही है तू? तू यहाँ कैसे आ गया? किसने आने दिया तुझे घर में? चम्पू कहाँ है? तूने तो नहीं कुछ उसका भला-बुरा ...

[वह इनकार में सिर हिलाता रहता है।]

: तो फिर वह कहाँ गयी? कहाँ गयी चम्पू?

व्यक्ति : *(कन्धे उचकाकर)* भगवान जाने मुझे क्या पता? थी ही नहीं जब यहाँ आया मैं। मगर आप सो रहे थे यहाँ। इसीलिए बैठ गया, बस। अच्छा हुआ। जान-पहचान हो गयी।

[फिर अधूरे ढंग से नमस्कार करता है।]

सखाराम : क्या काम है तुझे यहाँ पर? उसे वापस ले जाने के लिए आया है? वह नहीं जायेगी, जा ...

व्यक्ति : मैं भी कहाँ लिवाने आया हूँ। यहीं अच्छी तरह है। आराम से रहे बस ... करना क्या है!

सखाराम : तो फिर क्या करने आया है यहाँ?

व्यक्ति : सोचा देख जाऊँ कैसी है। जी नहीं माना।

सखाराम : बड़ा प्यार है उसके ऊपर?

व्यक्ति : औरत है वह मेरी। घर से चली आयी तो क्या।

सखाराम : गयी कहाँ आखिर? समझ में नहीं आ रहा है। पता नहीं चाय भी बनाकर रख गयी है या नहीं।

व्यक्ति : नहीं।

सखाराम : क्या नहीं?

व्यक्ति : चाय तैयार नहीं है।

सखाराम : तुझे क्या पता?

व्यक्ति : चाय नहीं है।

सखाराम : *(चिढ़कर)* तू क्या जाने?

व्यक्ति : *(जरा भयभीत होकर)* ऐसे ही। मेरा पीने को मन था इसलिए ढूँढ़ा था–अन्दर।

सखाराम : घरभर ढूँढ़ आया तू?

व्यक्ति : नहीं बस बर्तन देखा था चाय का। और नहीं ...

सखाराम : भाग यहाँ से। जा भाग नहीं तो जान ले लूँगा तेरी।

व्यक्ति : चिल्लाइए नहीं। बेकार बदनामी होगी।

सखाराम : तुझे क्या करना है?

व्यक्ति : चम्पी का आदमी हूँ। उसकी बदनामी मेरी बदनामी भी तो–

सखाराम : तेरा उससे अब क्या सम्बन्ध।

व्यक्ति : सम्बन्ध जनम भर का होता है। वहीं तय होता है। ऊपर वाले के यहाँ।

[ऊपर नमस्कार करता है।]

सखाराम : अब वह यहाँ मेरे पास रहती है।

व्यक्ति : पता है। तभी तो आया हूँ ढूँढ़ते-ढूँढ़ते।

सखाराम : अब वह वापस नहीं जायेगी।

व्यक्ति : न जाय। सुखी है तो ठीक है।

सखाराम : वह तुझे पूछेगी भी नहीं ...

व्यक्ति : तकदीर की बात है।

सखाराम : तो तुझे फिर चाहिए क्या? क्यों आया यहाँ?

व्यक्ति : *(नर्वस निरीह मुस्कान चेहरे पर)* ऐसे ही। चम्पा के बिना मुझे चैन नहीं पड़ता ...

सखाराम : चुप रह। उसने तुझे छोड़ दिया है।

व्यक्ति : मगर चम्पा बहुत सुन्दर है। ऐसा-ऐसा पुट्ठा इतनी-इतनी छाती ... ऐसे-ऐसे।

सखाराम : चार लात दूँगा दिमाग सही हो जायेगा। जा, भाग यहाँ से। साला, अपनी औरत के लिए ऐसे बोलता है हरामी कहीं का ...

[उसकी गर्दन पकड़कर उसे दरवाजे तक ले जाकर छोड़ता है।]

: जा दफा हो यहाँ से।

व्यक्ति : झोला रह गया। *(दरवाजे से वापस जाकर फिर बैठ जाता है।)* मैं रुकता हूँ जरा। चम्पी से मुलाकात हो जायेगी बहुत याद आती है उसकी ...

सखाराम : *(उसके बेहयाई से बहुत असहाय होकर)* साली मादरचो-मुँह भी नहीं धुला रही है। ठहर मैं मुँह धो लूँ फिर बताता हूँ तुझे!

[रसोई में जाता है। खिड़की से बाहर कुल्ला करता है। मुँह पर पानी के छींटे देता है। यह सब करते हुए चम्पा के नाम पर बड़बड़ाता जाता है। फिर चम्पा के पति के पास जाता है। वह निश्चिन्त-सा बैठा-बैठा बोतल निकाल-कर एक घूँट पीता है। सखाराम को देखकर

नर्वस-सा मुस्कुराता है। अनाथ लड़के की तरह लगता है।]

: उठ यहाँ से। जा दफा हो यहाँ से।

[वह उसी तरह बैठा है। अब ठीक से टेक लगाकर बैठ गया है। पैर फैला लिया है। सखाराम परेशान है कि क्या करे।]

दाउद : *(बाहर से पुकारता हुआ)* सखाराम भाई—ओ सखाराम भाई! *(अन्दर जाकर)* पंछी कहाँ है?

[फौजदार शिन्दे को देखकर चुप हो जाता है। 'वह कौन है' वह इशारे से सखाराम से पूछता है।]

सखाराम : मरद है चम्पू का।

दाउद : *(देखकर)* देखते ही मैंने यह सोचा था यार। तो यह है पंछी का पिंजड़ा *(उस व्यक्ति से)* खुदा हाफिज!

[वह नर्वस-सा मुस्कुराता है।]

दाउद : पंछी आया तो पिंजड़ा तो पीछे-पीछे आयेगा ही। वह पंछी के बिना अकेला कैसे जियेगा सखाराम भाई?

सखाराम : सूरत शकल से सीधा लगता है। पर महापाजी है यह। साला अपनी बीबी का इतना गन्दा बखान अपने मुँह से कर रहा था कि क्या कहूँ ...

दाउद : अच्छा, क्या कह रहा था?

सखाराम : छोड़ो यार। एक तो कब से भगा रहा हूँ जाने का नाम ही नहीं ले रहा है ... बैठा है माठू की तरह ...

दाउद : जहाँ उसका पंछी वहाँ वह *(उससे)* क्यों जनाब सच कह रहा हूँ या झूठ?

[चम्पू का पति फिर नर्वस-सा मुस्कुराता है।]

सखाराम : दिखाता ऐसे है जैसे बड़ा चाहता हो औरत को। चल उठ। दफा हो मेरे सामने से। केंचुआ साला ...

दाउद : सखाराम भाई। इस बार लगता है पंछी के साथ-साथ उसका पिंजड़ा भी तुम्हें रखना पड़ेगा। *(धीरे से)* मारो गोली यार पंछी बढ़िया हो तो फिर पिंजड़े से क्या घबराना।

[चम्पू का पति यह सुनता हुआ बोतल निकालकर नया घूँट भरता है और नर्वस मुस्कान के साथ बैठा रहता है।]

सखाराम : *(क्रोध से होंठ चबाकर)* जी करता है उठाकर फेंक दूँ साले मादरचो-को।

दाउद : समझने की कोशिश करो यार। मगर पंछी है कहाँ?

[अन्धकार]

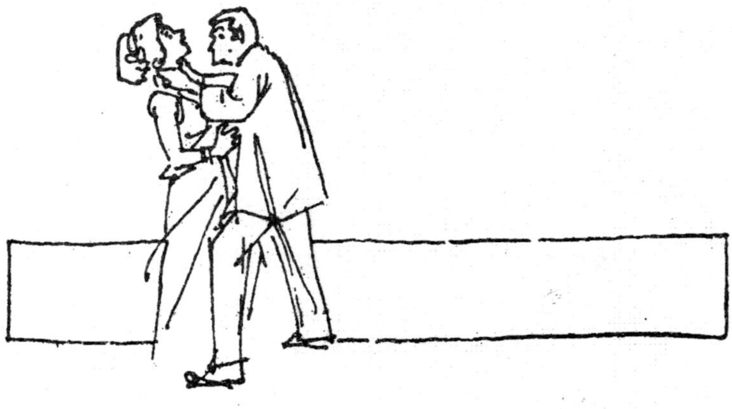

दृश्य तीसरा

[उजाला।

चम्पा का पति बैठा था उसी जगह सोया हुआ है। सखाराम और दाउद दोनों चिलम सुलगाये हुए बैठे दम मार रहे हैं।]

चम्पा : *(बाहर से)* अच्छा अच्छा--हाँ बहिन। कल भी जाते बखत आवाज दे देना ... अच्छा ...

[अन्दर आती है। कंधे पर छँटे हुए कपड़ों की पोटली है। सखाराम से:]

: उठ गया तू? नदी जाते बखत कितना पुकारा बाप रे बाप! कोई असर ही नहीं।

[एकाएक पति पर निगाह जाती है।]

: अरे! यह चमरचिह हरामी यहाँ? *(आँचल खोंसकर)* कब से आया है यहाँ?

सखाराम : मेरे जागने से पहले ही यहाँ आकर बैठा हुआ था।

चम्पा : मगर इसको घर में आने काहे को दिया? बाहर से ही क्यों नहीं भगा दिया?

सखाराम : मुझे क्या पता कब घुसकर बैठ गया यहाँ। जब सोकर मैं उठा तो यह यहाँ बैठा था। फिर किसी तरह गया ही नहीं।

चम्पा : वाह वा! गया नहीं? देखती हूँ कैसे नहीं जाता हरामी।

[आगे बढ़कर पति का कॉलर पकड़कर। झटके से खड़ा करती है।]

: क्यों बे मुरदे।

[उसके मुँह पर एक थप्पड़ लगाकर।]

: कौन-सी रोकड़ धरी है तेरी यहाँ पे? बोल!

[उसे लात-घूँसों से बेतहाशा मारने लगती है।]

: किसने दिया था न्यौता तुझे यहाँ आने का? क्यों?

[सखाराम और दाउद अवाक् होकर यह देख रहे हैं। उस आदमी का हाथ छोड़कर वह दरवाजे के पास जाती है। वहाँ रखी हुई चप्पल उठाकर तेजी से लौटती है। फिर उसका हाथ पकड़कर झटके से खड़ा करती है। और चप्पल से तड़ातड़ मारने लगती है। बदहवास-सी है। वहाँ पर खड़े हुए सखाराम और दाउद यह देखकर भयभीत हैं। चम्पा अब उस व्यक्ति को बोरे की तरह घसीटती हुई दरवाजे के पास डाल देती है।]

: जा यहाँ से। दुबारा मुँह दिखाया तो मुँह नोच लूँगी तेरा। हमारे रास्ते में न पड़ बताये देती हूँ। तेरा-मेरा अब कोई नाता नहीं।

व्यक्ति : *(कठिनाई से उठकर बैठता हुआ)* जाता हूँ। जान दे दूँगा अब। अब बस जान ही दे दूँगा।

चम्पा : अरे दे-दे। जान दे-दे तो छुट्टी मिले। जा जल्दी, जा मर हरामी।

[वह व्यक्ति मुड़कर फिर घर के भीतर आने लगता है। चम्पा उसे फिर पकड़कर जोर से ढकेलती है। वह गिर जाता है। फिर उठता है। वह उसे फिर लात मारती है।]

: मर बड़चो! मर जल्दी।

दाउद : अरे लेकिन चम्पा बाई! अगर कहीं वह सचमुच ही मर गया तब?

चम्पा : मरे-वरेगा नहीं यह। मर जाय तब तो छुट्टी ही मिल जाये। हमें भी और इस कलमुँहे नासपीटे को भी।

[आगे बढ़कर उसके मुँह पर फिर एक थप्पड़ देती है। उसके होंठ से खून की धार टपकने लगती है। वह किसी तरह उठकर फिर अन्दर आने लगता है।]

व्यक्ति : झोला ... झोला मेरा ...

[चम्पा फिर उसकी तरफ बढ़ती है। दाउद चम्पा को पकड़कर रोकता है। चम्पा का पति दीवार के पास रखे हुए थैले के पास दौड़कर जाता है और धम्म से वहीं बैठ जाता है। फिर लेट जाता है। झोले में से जैसे-जैसे बोतल निकालकर मुँह से लगाता है।]

: जान दे दूँगा ... जान दे दूँगा मैं ...

चम्पा : *(आगे बढ़कर उसे फिर लात मारती है।)* ले ... और ले। और ले कलमुँहे मुरदे और ले हरामी।

सखाराम : *(चम्पा से)* औरत है कि आफत की पुड़िया तू...कितना मारती जा रही है उसे...कलेजा है कि नहीं तेरे...?

चम्पा : नहीं; कलेजा नहीं है हमारे। इसी हरामजादे ने चबाय डाला है कलेजा बहुत पहले। जरा-सी बच्ची थी तभी। पैसा देके अम्मा से खरीद लाया था हमें, फिर ब्याह कर लिया। तब कुछ समझ में भी नहीं आता था हमारे। सारी-सारी रात यह नोचता-खसोटता था हमें मुरदार। सुई चुभोता रहता था। आग लेके सारी देह जलाता रहता था। हमें गन्दी-गन्दी बात करने को कहता था हरामी। जब सहा नहीं गया तो भाग गयी हम घर से। यह फिर पकड़ लाया। हमें बाँध के बदन में मिर्चा भर दिया हरामजादे ने। कलेजा कहाँ से रहता...यह...यही हरामजादा...यही नोच-नोच के खा गया उसे...मेरा खून पी गया यह हरामी...उठ बे चमरचिह तेरे भी मिर्चा न भरा तो कहना...

[आगे बढ़ने लगती है। सखाराम उसे पकड़ता है। वह अपने को छुड़ाना चाहती है। सखाराम

पूरी ताकत से उसे पकड़े रहता है वह छूटने का जोर लगा रही है।]

सखाराम : दाउद! साले को जल्दी से बाहर ले जा यार ... जल्दी कर ...

[दाउद आगे बढ़कर चम्पा के पति को पकड़कर खींच-खींचकर किसी तरह ले जाता है। चम्पा देख रही है। उसकी तरफ थूकती है ... 'थू' करके।]

चम्पा : फिर यहाँ पैर रखकर देख तू ... खाल खींच के मिर्चा भर देंगी हम। हाँ ...। *(उसके जाने के बाद)* साला हरामी का पिल्ला, ए छोड़ हमें, काम पड़ा है भीतर।

[सखाराम उसे छोड़ देता है। वह सीधे भीतर चली जाती है। सखाराम एकटक उसकी तरफ देखता रहता है। जरा भयभीत-सा। वह अन्दर काम में जुट जाती है। दाउद आता है।]

दाउद : *(धीमी आवाज में)* छोड़ आया। लेकिन सखाराम भाई! क्या मारा है पंछी ने। ओ हो हो हो ... याद आते ही जान सूख जाती है—यार देख तू जरा सँभलकर रहना समझा न? यह पंछी पहले-जैसा नहीं है। यह डिफ्रेण्ट है। हाय हाय। गजब का है एकदम।

[सखाराम अवसन्न खड़ा है।]

[अन्धकार]

दृश्य चौथा

[रसोईघर में हल्का उजाला। चम्पा कथरी पर सो रही है। एक परछाई बाहर के कमरे से रसोई घर में आती है। परछाई सखाराम की है। सखाराम सोती हुई चम्पा को देखता हुआ खड़ा रहता है। फिर बाहर के कमरे में आता है। टहलता रहता है फिर अन्दर जाता है। बेचैन है। सोयी हुई चम्पा पर झुकता है फिर खड़ा हो जाता है। कुछ अलग हटता है फिर रहा नहीं जाता। उसके पास बैठ जाता है। कुछ निश्चय नहीं कर पात। चम्पा करवट बदलकर सो जाती है उसकी साँस की तेज आवाज सुनायी दे रही है। सखाराम बेसब्र होकर उसके ऊपर हाथ रखता है। स्पर्श से चौंककर वह झटके से उठकर बैठ जाती है।]

चम्पा : *(आँखें फाड़कर देखती हुई)* क्या है? कौन है तू? फिर दिमाग बिगड़ गया तेरा? क्या कहा है हमने? समझ में नहीं आया क्या? बताये देती हैं तुझे। हम बहुत बुरी हैं। समझ ले बड़ा खराब गुस्सा है हमारा।

[अस्त-व्यस्त आँचल ठीक करती है।]

: हमें गुस्सा न दिला कहे देती हैं। हमें वह सब अच्छा नहीं लगता समझा? वह औरत-मरद के बीच का।

[सखाराम दूर हटकर खड़ा है।]

: जा। बाहर जाके सो जा उस तरफ।

सखाराम : करार है। जो औरत यहाँ रखी जायेगी उसे मेरी औरत होकर रहना पड़ेगा। उसी तरह सब करना पड़ेगा। मैं इसी

शर्त पर रखता हूँ यहाँ। सात आयीं-गयीं किसी ने चूँ तक नहीं किया।

चम्पा : वह होंगी वैसी। हम नहीं। हमें सोने दे।

सखाराम : मुझे तकलीफ होती है। घर में रहकर भी न मिले इसके क्या माने? सामने छप्पन पकवान फिर भी पेट भूखा। बहुत तकलीफ होती है।

चम्पा : हमसे नहीं होगा वह सब। जा बाहर जा के सो। नहीं तो खड़ा रह! हम भी ऐसे ही बैठी रहेंगी।

[सखाराम जरा देर वैसे ही खड़ा रहता है।]

सखाराम : मर साली।

[बाहर के कमरे में आता है। रसोईघर में चम्पा कथरी पर बैठी हुई है। सखाराम कोने से दारू की बोतल निकालता है। मुँह से लगाता है।]

: मर मादरचो ... मर ...

[फिर पीता है। बैठी हुई आवाज में चीखकर 'मर हरामजादी मर कमीनी।' दरवाजा खोलकर बाहर अंधेरे में चला जाता है। रसोई में चम्पा पहले तटस्थ-सी बैठी रहती है। फिर कुछ निश्चय करके उठती है। बाहर के कमरे में जाती है। फिर बाहर जाती है। बाहर से सखाराम का हाथ पकड़कर अन्दर ले जाती है।]

चम्पा : अच्छा चुप कर। हम देती हैं तुझे सब-कुछ हमें दारू दे तू पहले।

[वह स्तब्ध सा खड़ा उसे देखता है।]

: मुहदे। दारू दे हमें। कहाँ है? कुछ कह रही हैं हम। कहाँ है बोतल?

[वह ताख पर से बोतल उठाता है। चम्पा बोतल छीन लेती है।]

: बैठ वहाँ।

[उसे जबरन बिठाती है। बोतल खोलकर गट-गट पीने लगती है। वह निश्चल-सा उसे देखता रहता है। यह सब हल्की रोशनी में।

अन्धकार।

तुरन्त ही फिर हल्का उजाला]

चम्पा : *(छके हुए स्वर में)* थोड़ी देर में ले-ले हमें मुरदे। कर जो करना है तुझे।

[सखाराम हकबकाया सा उसे देख रहा है।]

[अन्धकार]

दृश्य पाँचवाँ

[उजाला। दिन बढ़ आया है। कोई बाहर खड़ा दरवाजा खटखटा रह है। रसोईघर में चम्पा के बगल में सोया हुआ सखाराम हड़बड़ाकर उठत है। अलसाया-सा बाहर के कमरे में आता है। दरवाजा खोलता है।]

दरवाजे के बाहर से कोई : सखा चल रहे हो क्या। प्रेस पर पहुँचने में देर हो जायेगी। कितनी देर से दरवाजा भड़भड़ा रहा हूँ। बाबा रे! सोते हो घोड़ा बेचकर।

सखाराम : *(अभी भी नींद गयी नहीं)* बस आया अभी।

[दरवाजा उढ़काकर रसोई में जाता है। गहरी नींद में सोई हुई चम्पा को देखता है; झुककर अस्त-व्यस्त ओढ़ना ठीक करने के बहाने उसे धीरे से स्पर्श करता है। नाली की तरफ जाकर मुँह पर पानी के छींटे देता है। कुल्ला करता है। बाहर के कमरे में आते-आते फिर चम्पा की तरफ देखता है। फिर गुनगुनाता हुआ बाहर आता है। शर्ट, जरसी, टोपी पहनता है। पाँवों में चप्पल डालकर बाहर निकल जाता है।

जाते-जाते दरवाजा खींचकर ठीक से बन्द कर लेता है। थोड़ी देर तक रसोई में शान्त सोई हुई चम्पा दिखती है।]

[अन्धकार]

दृश्य छठवाँ

[उजाला। दुपहरी। चम्पा रसोई में चूल्हे के पास बैठी हुई खाना खा रही है। सखाराम बाहर से आता है। चप्पल उतारता है। खूँटी पर जरसी टोपी आदि टाँगता है।]

सखाराम : मैं आ गया ...

चम्पा : *(भीतर से)* इतनी जल्दी? प्रेस में छुट्टी-उट्टी हो गयी का?

सखाराम : *(भीतर जाता हुआ)* नहीं। ऐसे ही आ गया। बोल! क्यों आया?

चम्पा : हमैं का पता!

सखाराम : मन नही लगा।

चम्पा : ये बात अच्छी नहीं।

सखाराम : पर सच्ची तो है *(उसके करीब जाकर)* ए ...

चम्पा : दूर हट। खाना खाने दे हमें। अभी नहाया भी नहीं। सवेरे कितनी देर से आँख खुली।

सखाराम : रात बहुत मजा आया ...

चम्पा : *(चुपचाप काम करती हुई)* हमें कुछ नहीं याद।

सखाराम : अरे जा झूठी ...

चम्पा : झूठ नहीं कहती।

सखाराम : खूब मजा आया, दिनभर वही-वही याद आती रही। मन नहीं लगा। मन किया कि बस घर चलूँ ...

चम्पा : बाहर बैठ चलकर। हमें खाने दे ...

सखाराम : नहीं।

चम्पा : फिर क्या?

सखाराम : पहले यह!

[पीछे पकड़ी हुई दारू की बोतल निकालकर उसे दिखाता है।]

चम्पा : *(उसकी तरफ देखकर)* खाना खाने दे हमें।

सखाराम : उहुँक।

[उसका हाथ पकड़ लेता है। वह अनपेक्षित दृढ़ता से झिटक देती है।]

: हस्साली यह गुमान!

चम्पा : खाते बखत हमें ऐसे तंग न कर कहे देती हैं।

सखाराम : इस घर में मेरी बात चलती है। मैं जो कहूँगा करना पड़ेगा।

[चम्पा खाना खाती रहती है।]

: हुकुम मेरा मानना पड़ेगा नहीं तो मुझसे बुरा कोई नहीं। मार-मारकर भुरकुस निकाल दूँगा। आगा-पीछा नहीं देखूँगा फिर।

चम्पा : आय हाय! यह हमसे कह रहा है तू। क्यों?

सखाराम : तू क्या कोई दूध की धोयी है। मुझे जो चाहिए वह लेकर रहता हूँ।

चम्पा : जा उधर बाहर। काम है हमें।

सखाराम : *(हाथ पकड़कर)* चम्पा।

चम्पा : *(हाथ झिटकती नहीं। समझाती हुई कहती है)* समझ बात। तंग न कर हमें।

[सखाराम हाथ छोड़कर बाहर के कमरे में चला जाता है और बेचैन-सा चक्कर काटता रहता है।]

सखाराम : *(एकाएक रुककर चिल्लाता है)* बाहर निकाल दूँगा साली घर से! तब पता लगेगा। सड़क की कुतिया की

तरह रहना पड़ेगा ऐरा-गैरा सबके साथ बाजार लगाके बैठना पड़ेगा ... बाजार ...

[चम्पा अभी भी खाना खा रही है। पर अब वह भी बेचैन हो उठी है। कुछ समय ऐसे ही गुजरता है। चम्पा खाना रोककर चुप बैठी है। फिर एकाएक भयंकर आवेश के साथ सामने की थाली दूर फेंक देती है। जोर की आवाज के साथ थाली दूर जा गिरती है। बाहर सखाराम इस आवाज से स्तब्ध हो उठता है। आवाज जरा देर में शान्त हो जाती है। चम्पा उठकर नाली के पास जाती है। पानी डालकर हाथ धोती है फिर आँचल में पोंछती है। गिरी हुई थाली उठाकर उसमें जूठन बटोरकर रखती है और नाली के पास रख देती है। फिर बाहर के कमरे में आती है।]

चम्पा : *(सखाराम के पास जाकर)* चल! दे दारू इधर–

[सखाराम चुपचाप हतप्रभ होकर उसके उग्र रूप को देखता रह जाता है।]

: क्या कह रही हैं हम ... दारू दे हमें।

[सखाराम चुपचाप उसे बोतल पकड़ा देता है। चम्पा क्रोध में दाँत पीसती हुई बोतल का ढक्कन खोलती है। जल्दी-जल्दी पीने लगती है।]

: ले! तू भी पी! पी हरामी!

[जबरन उसके मुँह में बोतल ठूँसती है। खुद भी पीती है। खिलखिला-खिलखिलाकर हँसती रहती है–रुक तुझे मजा देती हूँ! अभी मजा देती हूँ तुझे! पीती रहती है। सखाराम के मुँह में भी जबरन डालती रहती है। बराबर खिलखिलाकर हँसती ही रहती है।]

: आ जिसे मजा लेना हो। आ! सबको मजा देंगी हम! साले कुत्ते को भी! मुरदे को भी! आ मुरदे! तुझे भी लेना है मजा?

[बाहर के दरवाजे से दाउद अन्दर आता है और घबराया-सा दरवाजे के पास ही खड़ा रह जाता है।]

: कौन दाउद? आ। चल तुझे भी लेना है न मजा? आ तू भी ले। ले मुरदार! आ! अरे आ न मुरदे! ले हमें मुरदे ...

[दाउद हक्का-बक्का-सा खड़ा है। सखाराम अवसन्न। चम्पा सखाराम के गले से लिपटी हुई है। दारू में छकी-सी बदहवास हँसे जा रही है। अस्त-व्यस्त।]

[अन्धकार]

दृश्य सातवाँ

[क्षीण आलोक। जो घर की बाहरी खिड़की के रास्ते से आ रहा है। शेष घर में घना अन्धकार। कुछ देर चम्पा की अस्पष्ट कराह। अर्ध चेतनावस्था में कही जानेवाली बुदबुदाहट।]

चम्पा : कौन है? चल रे हरामजादे? आ। मजा ले मजा। ए मुरदे दूर हट!! दूर हट!

[दारू के नशे में डूबी हँसी। फिर कराह।]

: दारू दे! दारू दे हमें। दे दारू हरामी! ... दारू ...

[हँसी, कराह]

[अन्धकार]

दृश्य आठवाँ

[तेज उजाला दिन का। चम्पा घर में नहीं है। दाउद और सखाराम। सखाराम के चेहरे पर नयी जिन्दगी के चिह्न। वह पहले से भिन्न लग रहा है।]

दाउद : लेकिन सखाराम! यार तू काम पर नही जायेगा तो कैसे तेरा निभेगा! काम तो करना ही पड़ता है। घर–गृहस्थी है। पिछले पूरे हफ्ते काम पर गया ही नहीं तू।

सखाराम : देखा जायेगा। मन हुआ तो फिर चला जाऊँगा।

दाउद : और नौकरी से निकाल दिया गया तो?

सखाराम : वह नहीं उसका बाप निकाल दे नौकरी से तो क्या! अपने राम को फिकर नहीं। यह न सही दूसरी मिलेगी। कुलीगीरी कर लूँगा साले को! नहीं तो कहीं मजदूरी। काम तो करना ही है दाउद मियाँ। यह सखाराम बाइंडर काम से कभी नहीं डरा। अपने डील की मशक्कत पर इतनी उमर पार किया है दाउद! बाप को बाप नहीं समझा। माँ जब–तब मुझे चमार की औलाद कहा करती थी। मियाँ यह सखाराम काँटेवाले बबूल की तरह अकेला मैदान में खड़ा हुआ इतनी जिन्दगी काट के आया है। उसको किस साले का डर है? उसे अब सिर्फ चम्पा चाहिए! चम्पा बस! और कुछ नहीं।

दाउद : लेकिन गाँववाले क्या बकबक करते हैं ...

सखाराम : *(फ्लेयर अप होकर)* गाँववाले? गाँववालों के बाप का कौन कर्जा खाया है सखाराम बाइंडर ने? भूखा मर रहा था तब तो कभी दो कौर खाने को नहीं पूछा साले गाँववालों ने? मिरज के मिशन अस्पताल में जब बुखार से जल रहा था। तब कोई हरामजादा गाँववाला पूछने नहीं आया कि मरा या जिया? नहीं दाउद मियाँ! गाँववालों की बात मुझसे मत कहो। ये साले मादरचो-खुद तो सत्तर कोठे झक मारते घूमते हैं और दूसरों की नाक नापते घूमते हैं। गाँव में अपने से साफ कोई नहीं। सब साले एक सिरे से नाली के कीड़े। बस ऊपर से सफेद चकमक कपड़ा देख लो, भीतर जिसको उधेड़ोगे गोबर ही पाओगे। उनकी बात क्या करते हो? अपने से साफ तो बस एक ही है दाउद भाई। रण्डी। वह क्या कभी कहेगी कुछ? कभी नहीं! वह कभी मुझे शराबी नहीं कहेगी। कभी नहीं कहेगी कि सखाराम औरत के पीछे आवारा हो गया या चम्पा के पीछे बिगड़ गया। क्योंकि वह जानती है सब। रण्डी और आदमी में कुछ फरक नहीं होता मियाँ दाउद? ... फरक बस एक ही है कि आदमी झूठ होता है और रण्डी झूठी नहीं होती। बस।

दाउद : लेकिन सखाराम। अपनी हालत तो आप ही देखनी चाहिए न? तुम्हारा यह घर कैसा था और कैसा हो गया। सखाराम भाई। याद है तुम्हें ... उसको अभी बहुत दिन भी नहीं हुआ ... जब यहाँ वह वाला पंछी था ... वही ... लक्ष्मी भाभी। कैसा लगता था तब ...

सखाराम : अरे लक्ष्मी गयी जहन्नुम में! मर गयी वह मेरे लिए। अब उससे क्या मतलब। उन दिनों की बात छोड़ो दाउद मियाँ! यहाँ कोई किसी की याद में नहीं बैठा रहता। अब

तो बस चम्पा है। चम्पा के नाखून के मैल की भी बराबरी नहीं कर सकती कोई। अरे तुम क्या जानों कि चम्पा क्या चीज है ...

दाउद : जो दिखायी देता है और जो सुनायी देता है यार वह अच्छा नहीं लगता मुझे। बस यह कहना है मुझे...तुम मानो या न मानो। अच्छा तो मैं चलूँ–धंधे का टाइम हो गया...

सखाराम : जा जा ...

[दाउद जाता है। अकेला सखाराम। कुछ देर उसी तरह बैठा रहता है फिर उठकर ताख के पास जाता है।]

[अन्धकार]

दृश्य नवाँ

[उजाला दिन का।

बाहर दूर पर जोर-जोर से शहनाई-नगारा बज रहा है। रसोई में चम्पा दारू के नशे में अपने को सँभालने का प्रयत्न करती हुई काम कर रही है। बाहर सखाराम आता है।]

सखाराम : *(चप्पल उतारकर खूँटी की तरफ जाता हुआ)* चम्पा ... चम्पा ...

[चम्पा किसी तरह लटपटाती-सी समाने आती है।]

: तूने पिया? सबेरे-सबेरे? आज दशहरा, त्योहार का दिन ... और ...

[वह नशे में हँसती है।]

: त्योहार के दिन सवेरे-सवेरे यह क्या तमाश कर रखा है? यह अच्छा नहीं है चम्पा। क्यों पिया तूने? क्या कहा था मुझसे प्रेस जाते समय? अभी नहायी तक नहीं और पी के बैठी है। त्योहार के दिन घर की औरत को कैसे रहना चाहिए ... कोई आयेगा तो क्या कहेगा? जा भीतर जा पहले। जा! जल्दी जा भीतर ...

[वह जैसे–तैसे रसोईघर में जाती है।]

: नालायक कहीं की न त्योहार का होश न दिन का। औरत जात के ऊपर कहीं यह अच्छा लगता है? दूसरी कोई होती तो साली का मुँह तोड़ देता।

[यह कहता–कहता बाहर का दरवाजा बन्द कर लेता है। जरसी, कमीज उतारकर खूँटी पर टाँगता है। मृदंग उतारता है। उस पर जमी हुई ढेर–सी धूल झाड़कर साफ करता है। और उसे एक तरफ ले जाकर रखता है। भगवान की तस्वीर खोज–खाजकर लाता है। उसकी भी धूल साफ करके मृदंग के पास रखता है। पूजा का कुछ और सामान तलाश करके लाता है। सजाता है। फिर फूलदानी ढूँढ़कर बाहर से कुछ फूल उसमें ले आता है। रसोई में नाली के पास जाकर हाथ–पैर धोता है। वहाँ नशे से धुत्त झूमती लड़खड़ाती चम्पा काम कर रही है। एकाएक वह गिरने लगती है। सखाराम उसे सँभालता है। वह उसके गले से लिपट जाती है। सखाराम उसे अलग करने का प्रयत्न करता है। वह उससे अलग नहीं होती। नशे में झूमती रहती है—हँसती रहती है।]

: अलग हट साली। हट उधर। दूर हट कह रहा हूँ ना! मुझे पूजा करनी है। दूर हटती है कि नहीं? हट!

[वह वैसे ही झूमती हुई–सी हँसे जा रही है।]

: साली मादरचो–! शरम ही नहीं। निकल जा मेरे घर से।

[यह कहते हुए उसके उन्मत्त शरीर से एक तरफ़ अधिक महदोश भी होता जा रहा है।]

: दूर हटती है कि लगाऊँ एक लात कमर में?

[वह नशे में और हँसे जा रही है।]

: दूर हट! हट अलग। कुतिया साली! *(उसे ढकेल देता है। वह जोर से गिरती है। दर्द से लोटने लगती है)*

चम्पा : *(दर्द से)* हाय ऽऽ उई ऽऽ

[सखाराम उसके पास जाता है। यह देखने के लिए उस पर झुकता है कि कहीं उसे चोट तो नहीं लगी।]

सखाराम : देखूँ कहाँ लगी? अरे लगी कहाँ है तुझे? बोलती ही नहीं हरामजादी। बोल कहाँ लगी? नहीं तो जा! मर ...

[अन्धकार]

दृश्य दसवाँ

[उजाला।

रसोई में मंद उजाला। चम्पा, सखाराम रसोई में बिछावन पर। बाहर दरवाजा खटखटाया जा रहा है।]

कोई व्यक्ति : कोई है घर में? सखाराम ... ए सखाराम ...

[कुछ देर रुककर फिर कोई दरवाजा खटखटाने लगता है।]

कोई और व्यक्ति : सखाराम ... अरे ओ सखाराम पन्त ... लगता है घर में नहीं है ...

कोई तीसरा व्यक्ति : कोई है तो शायद घर में।

दूसरा व्यक्ति : औरत होगी।

तीसरा व्यक्ति : दोनों होंगे ...

पहला : *(पुकारकर)* ए सखाराम ... अरे हो कि नहीं?

[दरवाजा बराबर खटखटाया ही जा रहा है। रसोई में लेटे-लेटे ही सखाराम जरा-सा कुनमुनाता है। पर उठता नहीं। जवाब भी नहीं

देता। थोड़ी-थोड़ी देर में दरवाजे पर इसी तरह खटखटाहट, पुकार और आपस में बातचीत। फिर सब शान्त।

रसोई में भी शान्त! बीच-बीच में दारू के नशे में बेहोश सखाराम की कुछ बुदबुदाहट। बाहर दूर पर नगारा-शहनाई बजने की आवाज। घर पर कौवा आकर चिल्लाने लगता है।

फिर दरवाजे पर थपथपाहट, पुकार। इसके बाद आया हुआ वह व्यक्ति लौट जाता है। सब शान्त।]

[अन्धकार]

दृश्य ग्यारहवाँ

[उजाला। रात का समय।

रसोई में चिमनी की मंद रोशनी। बाहर दूर पर कही कुत्तों के भूँकने की आवाज, झींगुर की आवाज। दरवाजे पर थपथपाहट। रुक-रुककर बार-बार होती रहती है।]

सखाराम : *(नशे के स्वर में)* ए ... उठ ...

[फिर थपथपाहट।]

: लगता है दरवाजा खटखटा रहा है कोई। उठ ए ... उठ कह रहा हूँ न ... उठ जल्दी। कैसी पसरी है! उठ देख कोई दरवाजा खटखटा रहा है।

[फिर थपथपाहट। कुछ ठहरकर फिर।]

: कौन आया है आधी रात कह ... साली उठती भी नहीं बेहोश पड़ी है। *(किसी तरह उठकर बैठता है। सिर को जोर से पकड़ लेता है।)* आह ... सिर ठनक रहा है एकदम।

[फिर थपथपाहट सखाराम अलसायी आवाज में।]

: अरे हाँ, सुन लिया ... कौन है इतनी रात को?

[किसी तरह अपने को सन्तुलित करता हुआ उठता है। झूमता, लड़खड़ाता बाहर के कमरे में आता है। पूजा के लिए रखे हुए मृदंग से टकरा जाता है। पूजा का सारा सामान बिखर जाता है। वहाँ से वह दरवाजे के पास जाता है।]

: कौन है इतनी रात को?

[दरवाजा खोलता है। दरवाजे पर कौन है यह दिखायी नहीं देता।]

: कौन है? *(आँखें मलकर गौर से देखकर)* कौन तू? *(भौचक्का-सा)* सपना है क्या, कि सच! *(फिर आँखें मलकर देखता है)* तू कैसे यहाँ, तू क्यों?

[जरा देर वह वैसे ही चकराया-सा खड़ा रहता है। इसी समय पोटली पकड़े हुए एक आकृति सिमटी-सिकुड़ी-सी उसकी बगल से होकर अन्दर आ जाती है। बहुत दयनीय अवस्था। बहुत कुछ सिकुड़ी-सी। मानो भय से काँप रही हो। मुँह पर आँचल दबाये हुए है। झुककर पोटली नीचे धरती है। यह लक्ष्मी है।]

लक्ष्मी : *(सपाट स्वर में)* भतीजे ने घर से निकाल दिया। उसकी औरत ने चोरी लगायी मुझे। मैं चोरी करूँगी भला? पुलिस में दे रहा था मुझे। कहाँ जाती? सीधे यहाँ आ गयी। यही तो एक ठिकाना था मेरे पास।

[सखाराम अचकचाया-सा उसे देख रहा है।]

: अब यहीं रहूँगी जब तक जिऊँगी। कहीं नहीं जाऊँगी। यहीं जीऊँगी यहीं मरूँगी।

[दरवाजे के पास सखाराम हक्का-बक्का-सा खड़ा है। जरा अन्दर की तरफ लक्ष्मी काँपती हुई उसके सामने खड़ी है। रसोई में बिछावन पर चम्पा नशे में कुछ बुदबुदाती हुई करवट बदलती है।

दूर पर कहीं कुत्ते भूँक रहे हैं।]

[परदा]

अंक तीसरा

दृश्य पहला

[दूसरे अंक का अन्तिम दृश्य यथावत्।]

लक्ष्मी : *(समतल स्वर में)* भतीजे ने घर से निकाल दिया। उसकी औरत ने चोरी लगायी मुझे। मैं चोरी करूँगी भला? पुलिस में दे रहा था मुझे। कहाँ जाती? सीधे यहीं आ गयी। यही तो एक ठिकाना था मेरे पास। अब यहीं रहूँगी जब तक जिऊँगी। कहीं नहीं जाऊँगी। यही जिऊँगी यहीं मरूँगी।

[सखाराम भौचक्का-सा खड़ा है। लक्ष्मी कुछ और अन्दर आ गयी है। सखाराम के पास खड़ी हुई है। भय से थरथरा रही है। रसोई में चम्पा बिछावन पर पड़ी हुई नशे में कुछ बड़बड़ाकर करवट बदलती है। सखाराम को एकाएक परिस्थिति का एहसास होता है। वह खीझकर लक्ष्मी के पास बढ़ता है और उसका हाथ पकड़कर उसे खींचता हुआ दरवाजे के बाहर करके दरवाजा बन्द कर लेता है। दरवाजे पर दुबारा कोई आहट नहीं है यह देखकर निश्चिन्तता की साँस लेता है।]

चम्पा : *(बिछावन पर पड़े-ही-पड़े इस घटना से कुछ सचेतन होकर)* कौन है? आँ? कौन था? कौन आया था?

[फिर सन्नाटा।

अभी-अभी जो कुछ घटित हो गया उस पर सखाराम विश्वास नहीं कर पा रहा है। लक्ष्मी आयी थी यह सच है या झूठ? और उसे बाहर निकाल दिया यह भी सच है या झूठ? इसे वह समझ पाने में असमर्थ है। वह इस मनः स्थिति में ही नहीं है कि इस पर विचार कर सके। इतना सच है कि दरवाजे पर दुबारा थपथपाहट नहीं हो रही है। कोई आहट नहीं है। वह कुछ क्षण सिर पकड़े हुए हतबुद्धि-सा खड़ा रहता है। फिर तेजी से रसोई की तरफ बढ़ जाता है और बिछावन पर निढाल-सा पड़ जाता है। फिर सो जाता है। चम्पा पड़े-पड़े ही नशे में बड़बड़ा रही है, टूटे-फूटे बिखरे शब्द। दूर पर कुत्ते भूँकते हैं। रुक-रुककर बार-बार।]

[अन्धकार]

दृश्य दूसरा

[दुबारा रात की हल्की रोशनी। बाहर अनवरत मूसलाधार बारिश की आवाज।]

[अन्धकार]

दृश्य तीसरा

[उजाला। सुबह का समय। घर के भीतर धूप आ रही है। चम्पा हाथ में झाड़ू लिए हुए बाहर के कमरे में आती है। बाहर का दरवाजा खोलती है। दरवाजे से भी धूप अन्दर आने लगती है। चम्पा झाड़ू लगाने लगती है—अपने में तल्लीन-सी कोई पंक्ति गुनगुनाती है। इसी समय दरवाजे पर एक आकृति। यह लक्ष्मी है। चम्पा का उस पर ध्यान नहीं जाता।]

चम्पा : *(एकाएक उस पर नजर पड़ती है)* रोज-रोज नहीं मिलनेवाली भीख तुझे बाई। जा अगला दरवाजा देख।

[लक्ष्मी दरवाजे पर अचल खड़ी है।]

: हम क्या कह रही हैं तुझसे। बहरी है क्या? तुझे यहाँ भीख नहीं मिलने की। जा आगे बढ़। नयी लगती है।

[लक्ष्मी उसी तरह खड़ी है।]

: अच्छी-भली हट्टी-कट्टी है तू। फिर भीख क्यों माँगती फिरती है?

[लक्ष्मी फिर भी अचल खड़ी है।]

: जाती है कि आऊँ? करने को भिखमंगिया और ढिठाई ऐसी—जा भाग यहाँ से ...

[चम्पा आगे बढ़ती है। लक्ष्मी दरवाजे पर वैसी ही खड़ी है।]

लक्ष्मी : *(समतल स्वर से)* मैं भिखमंगिन नहीं हूँ।

चम्पा : नहीं तो क्या रजवाड़े की महरानी है?

लक्ष्मी : इसी घर में रहती थी मैं।

चम्पा : *(जैसे नयी बात सुन रही हो)* क्या?

लक्ष्मी : हाँ इसी झाड़ू से यहाँ साफ-सूफ करती थी। जैसे तुम। तुमसे पहले यहाँ मैं रहती थी।

चम्पा : अच्छा तो तू ...

लक्ष्मी : लक्ष्मी। एक बरस और एक्कीस दिन यहाँ रही मैं। पिछले बरस सावन में मुझे लाये थे यहाँ। छह दिन की भूखी थी। खूब अच्छी तरह याद है।

चम्पा : तो अब क्या करने आयी है?

लक्ष्मी : संगमनेर भतीजे के पास गयी थी। राजा-रानी की गिरिस्ती। बीच में मुझे कौन रखता! और कोई ठिकाना नहीं। यहीं आ गयी और कोई नहीं है मेरे।

चम्पा : आदमी ...

लक्ष्मी : *(ठण्डी साँस भरती है)*

चम्पा : *(झाड़ू लगाने लगती है)* वह घर में नहीं है ... प्रेस गया है जिसके पास आयी है तू। वही सखाराम।

लक्ष्मी : पता है मुझे। देखा था जाते बखत।

चम्पा : देखा था? तो पुकारा नहीं?

लक्ष्मी : नहीं। उनको देर हो गयी थी। फिर मेरी वजह से और देर होती।

चम्पा : तब तू थी कहाँ अब तक। दो घण्टे तो हो गये होंगे उसे गये।

लक्ष्मी : रातभर बाहर ओलती के नीचे थी। पानी बरस रहा था। सवेरे-सवेरे जरा आँख लगी। मगर वह प्रेस जाने लगे

तो पता नहीं कैसे फिर आँख खुल गयी थी अपने-आप ही।

चम्पा : तू रात की ही आयी है?

लक्ष्मी : हाँ।

चम्पा : फिर?

लक्ष्मी : बाहर ही थी। पानी न बरसता तो आँगन में सो रहती।

चम्पा : तो दरवाजा तो खटखटाती?

लक्ष्मी : *(जरा रुककर)* नहीं खटखटाया। सोचा क्या करने को रात में ... बहुत रात भी हो गयी थी। ऐसे ही कौन बहुत नींद आती है। बेकार तुम लोगों की नींद खराब होती।

चम्पा : हम तो दारू के नशे में मुरदे की तरह सोई रहती हैं।

लक्ष्मी : *(चकित-सी)* तुम दारू पीती हो?

चम्पा : हाँ। क्यों?

लक्ष्मी : रात को भी ... दारू पिये हुए थीं तुम?

चम्पा : हाँ। रोज पीती हैं हम! वह भी पीता है।

लक्ष्मी : *(कुछ दुखी होकर)* कल दशहरा था। त्योहार का दिन था कल।

चम्पा : तो क्या?

लक्ष्मी : त्योहार के दिन, पूजा के दिन वह अच्छा नहीं।

चम्पा : तू पूजा-ऊजा करती है?

लक्ष्मी : हाँ पहले से ही। बहुत छुटपन से यह सब मुझे अच्छा लगता है। बुरे समय में भगवान की इसी पूजा की बदौलत बची रही। नहीं तो कब की मर-खप गयी होती। पर जीती रही। *(जरा रुककर उत्सुकता से)* तुम कब से आयी हो यहाँ?

चम्पा : हो गये होंगे एक ... दो महीने। दो हुए होंगे।

लक्ष्मी : मेरे जाने के फौरन बाद?

चम्पा : तू कब गयी, मुझे क्या मालूम?

लक्ष्मी : भादों की अष्टमी को गयी थी मैं। दिन याद है मुझे। यहाँ का हर दिन याद है। एक-एक बात बता सकती हूँ। मैं बताती हूँ। दो महीने, यानी मेरे जाने के फौरन बाद आयी तुम।

चम्पा : अब आगे क्या इरादा है तेरा?

लक्ष्मी : क्या होगा?

चम्पा : हाँ सचमुच। तेरा तो दूसरा कोई ठिकाना ही नहीं। तो बोल ना कि यहीं रहेगी।

लक्ष्मी : हाँ यही सोचा है।

चम्पा : *(जरा रुककर)* अन्दर चल चाय बनाती है।

लक्ष्मी : नहीं रहने दो।

[चम्पा रसोई में जाती है। लक्ष्मी अकेली ही बाहर खड़ी है।]

चम्पा : *(भीतर जाते-जाते)* हमें भी तो पीनी है। रातभर बहुत चूसता है यह सखाराम।

[बाहर लक्ष्मी पर इस बात की प्रति-क्रिया।]

: सवेरे फिर खुद ही उठके चाय बनाना बहुत भारू लगता है। जी नहीं करता कुछ करने को। सारा बदन और माथा ठनकता रहता है।

[लक्ष्मी से रहा नहीं जाता वह अन्दर रसोई में पहुँच जाती है।]

लक्ष्मी : लाओ! बनाना है तो मैं ही बनाये देती हूँ चाय।

चम्पा : *(तुरन्त)* नहीं-नहीं। दो दिन को आयी है तू, तूझे क्यों सतायें?

लक्ष्मी : *(असमंजस में)* उसमें तकलीफ कैसी ...

[अनजाने में ही वह काम में जुट जाती है। चम्पा देखती रहती है।]

: यह बर्तन अभी भी यहीं रहता है ना?

चम्पा : हाँ।

लक्ष्मी : *(सब तरफ देखती है। बगैर बोले रह नहीं पाती)* ठाकुरजी कहाँ हैं?

चम्पा : ठाकुरजी? क्या पता?

लक्ष्मी : तुम्हें मिले नहीं? मैं जाते बखत यहाँ दो छोटी-छोटी तस्वीरें धर गयी थीं।

चम्पा : होंगी *(चिन्ता भरे स्वर में)* क्या पता कहाँ चली गयी ...

लक्ष्मी : *(फिर बोले बिना रहा नहीं जाता)* ये अभी भी पूजा करते हैं न?

चम्पा : कौन? सखाराम? उसको तो बस एक ही पूजा आती है।

लक्ष्मी : मैं थी तो रोज बिना भूखे वह नहा-धोके भगवान के आगे धूप-दीप-फूल चढ़ाया करते थे। तुम करती हो कि नहीं पूजा?

चम्पा : हमने कोई उधार नहीं खाया है तुम्हारे ठाकुर-फाकुर का!

लक्ष्मी : ऐसा क्यों कहती हो! सब-कुछ तो उसी का दिया है।

चम्पा : उसका दिया क्या है? हमारा कुछ उसका दिया-फिया नहीं है समझी! ले चाय पी ले। *(चाय का प्याला उसके आगे धरती है)* क्या देख रही है इसमें?

लक्ष्मी : *(चाय के प्याले में एकटक देखती हुई)* किसने कहा था तुझे यहाँ आके करने को? बोल! किसने कहा था? अब मुँह-नाक में चाय भर गयी तो लगी छटपटाने। बुद्धू कहीं की!

[खिलखिलाकर हँसती है फिर बहुत धीरे से चाय में उँगली डालकर चींटीं को निकालती है।]

: जरा-सा तो पेट है चाय पीने चली प्याला भर! फिर होगा क्या! डूब तो जायेगी ही। रुक तुझे सुखा दूँ। ठहर!

[आँचल से चींटीं को धीरे से सुखाती है।]

: हूँ! अब तो नहीं जायेगी न चाय पीने? नहीं जायेगी न? जा! भाग जा यहाँ से।

[लक्ष्मी चींटी को छोड़ देती है। चम्पा भिखारिन जैसी लक्ष्मी का यह रूप देखकर स्तम्भित है। चाय पीना छोड़कर उसी की तरफ देखती रहती है।]

: जब पहले मैं यहाँ रहती थी तो ऐसे ही एक चींटा आया करता था। वह पाजी ऐसा नखरीला था, ऐसा घमण्डी कि बस पूछो मत। उसको राजा कहके बुलाया करती थी मैं। एकदम राजा-जैसा था भी। बहुत हिल गया था मुझसे। और एक कौवा भी था।

[बाहर कौवे की काँव-काँव।]

: वह देखो वही आया होगा।

[जल्दी से खिड़की के पास जाकर देखने लगती है। एकाएक उसे चक्कर आ जाता है। वह आँख बन्द करके दीवार का सहारा लेती है।]

चम्पा : *(दौड़कर उसे सँभालती है और वापस ले आती है।)* चाय पी ले पहले। कौवा कहीं भागेगा नहीं। पेट में जाने कब से कुछ गया नहीं तेरे-चल पी पहले।

[लक्ष्मी को जबरन बैठाती है। दोनों चाय पीने लगती हैं।]

: ले यह बटर-बिस्कुट खा *(देती है)* खा चाय के साथ। कित्ते दिन रहेगी यहाँ पे?

लक्ष्मी : और जब जाऊँगी ही कहाँ? भतीजे का घर तो बन्द ही हो गया। आदमी का पहले ही बन्द हो गया था।

चम्पा : क्यों निकाल दिया मरद ने?

लक्ष्मी : निपूती जो रही। लड़का नहीं हुआ इसी से निकाल दिया।

चम्पा : तो फिर दूसरी से हो गया क्या?

लक्ष्मी : क्या जानूँ? मुझे क्या पता! उधर की कुछ खबर ही कहाँ मिली! तुम? तुम्हारा क्या हुआ था?

चम्पा : अरे होयगा का! मरद हरामी साला केंचुआ! खुद तो रहा हिजड़ा ऊपर से हमें सताया करे। हमीं छोड़-छाड़के भाग आयी उधर से। दिखावे के लिए भतार रख के का चाटना है।?

लक्ष्मी : अब कहाँ रहता है वह?

चम्पा : का पता जिन्दा है कि मर-मरा गया हरामी।

लक्ष्मी : *(व्याकुल होकर)* ऐसे न बोलो!

चम्पा : और नहीं तो कैसे बोलैं?

लक्ष्मी : चाहे जैसा हो है तो तुम्हारा आदमी। भगवान के आगे पण्डित-पुरोहित के आगे उसी के साथ गाँठ जोड़ी है।

चम्पा : अय हय! फिर जब वह मारता-कूटता रहा तब साले पण्डित-पुरोहित कहाँ गये रहे?

लक्ष्मी : वह तो अपने-अपने करम का भोगमान है।

चम्पा : वाह रे वा भोगमान! तेरे हिसाब से तो हमें मुँह बाँधे सब जोर-जुलुम सह लेना चाहिए। पर सहने की कोई हद्द भी तो हो। बहुत सहा है जब बहुत हद्द कर दी तब मुरदे को लात मार दिया और घर छोड़ दिया। वहाँ से यह यहाँ पे ले आया। यह तेरा सखाराम।

लक्ष्मी : *(ठण्डी साँस भरकर)* मेरे कहाँ? अब तो तुम्हारे हैं।

चम्पा : ए सुन! हमारे लिए हमीं बहुत हैं! हमने किसी नासपीटे की जरूरत नहीं समझीं? सब साले मतलब के यार हैं।

लक्ष्मी : *(बिना पूछे रहा नहीं जाता)* तुम्हारा यहाँ पर कैसा चल रहा है?

चम्पा : चल का रहा है! दारू में धुत्त रह के तो किसी का भी चल सकता है। जित्ता खाने को देता है उसका दूना दाम झपट लेता है तेरा सखाराम! हम तो इसी से टिकी हैं। चारा भी का है। बाहर दस तरा के जानवर और खसोटेंगे मरे। उससे तो एक अकेला कुत्ता भला।

लक्ष्मी : *(ठण्डी साँस भरकर साहस जुटाकर कहती है)* तो मैं यहाँ रह जाऊँ? अगर रह जाऊँ, हमेशा के लिए तो–तो तुम–तुम्हें कोई तकलीफ तो नहीं–

चम्पा : *(जरा सोचकर)* रह न। पर हमारे बीच टाँग न अड़ाना फिर ठीक है। पर हमैं बाहर निकालै की बात की तो फिर हमसे बुरी कोई नहीं यह अभी से बताये देती हैं हम!

लक्ष्मी : ऐसा कैसे करूँगी? मुझे कुछ चाहिए नहीं! अब पहले की तरह अपने से निभता भी नहीं। अब तो बस सिर पे जरा-सा छप्पर और दो रोटी। और कुछ नहीं। जैसे कहोगी वैसे रहूँगी। सब काम करूँगी–

चम्पा : *(जरा सोच विचारकर)* अच्छी बात है रह जा! तू घर का काम-धन्धा देख। हम हरामी की भूख पूरी करैंगी। दोनों अपने बस का नहीं। तू भी गुजारा कर हमैं भी गुजारा करने दे चल।

लक्ष्मी : *(अत्यन्त कृतज्ञ होकर)* हाँ-हाँ! अच्छा! ठीक है। मैं–मैं कह दूँगी उनसे। सचमुच मैं जरा भी नहीं सताऊँगी

तुम्हें। उल्टे तुम्हें सहारा ही दूँगी। काम-धाम सब करूँगी। तुम्हें कुछ करना नहीं पड़ेगा। देखने में दुबली-पतली जरूर हूँ पर काम जितना कहोगी सब करूँगी। फिर खाना भी कम खाती हूँ। दिन में एक दफे थोड़ा-सा बासी भात, एक कटोरी छाछ। बस इतने से ही चल जायेगा मेरा-कोई झंझट नहीं और मेरे साथ। फिर उपवास भी बहुत करती हूँ। धोती भी एक पहनने को, एक धोने को बस दो चाहिए। वह भी जरूरी नहीं कि नयी हो-तुम्हारी पुरानी-धुरानी भी चलेगी-

[क्रमशः अन्धकार]

दृश्य चौथा

[उजाला। शाम का समय। रसोई में काम करती हुई लक्ष्मी। वह अब सुबह से अपेक्षाकृत साफ-सुथरी और सहज लग रही है। बगल में चम्पा बाल सँवार रही है। सखाराम आता है। चप्पल उतारता है। पहले से ही किसी वजह से नाराज है।]

सखाराम : *(भीतर चम्पा को सम्बोधित करके)* मैं आ गया हूँ।

[अन्दर चम्पा लक्ष्मी को इशारा करती है। सखाराम खूँटी के पास जाकर जरसी-टोपी उतारता है। साथ ही भुनभुनाता जा रहा है।]

: मजदूरी उतनी ही देंगे और काम बोझा भर माँगेंगे। साले! कौन करेगा? मेरे ताऊ लगते हो साले तुम? या खरीद लिया है मुझे? मैं भी नाकों चने न चबवा दूँ तो कहना–

[पैर धोने का पानी लिए हुए लक्ष्मी बाहर के दरवाजे पर खड़ी है। सखाराम बिना देखे हुए अपनी ही धुन में भुनभुनाता हुआ आदतन पैर धोने के लिए जाता है। लक्ष्मी को देखकर एकदम उत्तेजित हो उठता है। लक्ष्मी की देह में क्षणभर में सीमातीत भय सिमट आता है। वह सिर झुकाये काँपती रहती है।]

सखाराम : *(कठोर स्वर में)* तू ... क्यों आयी लौटकर? किसने यहाँ घुसने दिया तुझे?

लक्ष्मी : *(साहस करके)* भतीजे ने घर से निकाल दिया। यहाँ आ गयी। कैदखाने भेज रहा था चोरी लगा के ...

सखाराम : तो फिर यहाँ क्या करने आयी है तू?

लक्ष्मी : तो और कहाँ जाती ...

सखाराम : जहन्नुम में। बता दिया था पहले ही मुझसे अब तेरा कोई नाता नहीं!

लक्ष्मी : मुझे रोज याद आती थी। एक दिन भी ऐसा नहीं गया जब यहाँ की याद नहीं आयी।

सखाराम : मगर मुझे नहीं आयी कभी याद-फाद। यहाँ से जो एक दफा चली गयी वह मर गयी मेरे लिए। यही कायदा है इस घर का! आज चौदह बरस से यह ऐसे ही चल रहा है। तू जानती नहीं क्या? तुझे लेकर आया तभी सब कुछ समझा दिया था।

लक्ष्मी : हाँ। मगर वह घर बन्द जो हो गया। कहाँ जाती? दूसरा कोई ठिकाना भी तो नहीं था। तभी तो यहाँ आ गयी।

सखाराम : ठिकाना नहीं था तो कहीं मर-खप जाती। मुझसे तेरा क्या नाता है? मैंने क्या जिन्दगी भर का ठेका ले रखा है तेरा? मैं हूँ कौन तेरा?

लक्ष्मी : *(किसी तरह)* देव ...

सखाराम : *(कर्कश स्वर में)* क्या? खबरदार! दुबारा फिर कहा तो। हरामजादी गला घोंट दूँगा। अपना साथ बस गरजभर के लिए था समझी? गरज खतम कि नाता भी खतम। फिर यहाँ रहने का काम नहीं। किसने रख लिया तुझे। निकल बाहर इस घर से। चल निकल यहाँ से ...

[लक्ष्मी भयभीत हो सर्वाङ्ग काँप उठती है। अन्दर से चम्पा बालों को लपेटती हुई आकर रसोई के दरवाजे पर खड़ी-खड़ी यह देख रही है। उस पर इस सब की कोई प्रतिक्रिया नहीं।]

लक्ष्मी : *(लोटा और बाल्टी नीचे रखकर सखाराम का पैर पकड़ लेती है।)* मुझे बाहर न निकालो! कोई और ठिकाना

नहीं है। और कोई नहीं है मुझे पूछनेवाला। मैं एक कोने में पड़ी रहूँगी। सारा काम करूँगी। बदले में कुछ नहीं चाहिए। बस सिर पर जरा-सा छप्पर और मरते बखत तुम्हारे पाँव की धूल ...

सखाराम : *(उसे ढकेलकर)* चल हट! भाग यहाँ से! नहीं तो सिर तोड़ दूँगा। जा भाग! भाग! हट!

[लक्ष्मी उसका पैर पूरी ताकत से पकड़े रहती है। सखाराम कोशिश करके भी पाँव छुड़ा नहीं पा रहा है। क्रोध में गाली दिये जा रहा है। चम्पा चुपचाप खड़ी-खड़ी यह देख रही है। सखाराम खिसियाकर लक्ष्मी को घूँसों से मारने लगता है। फिर भी लक्ष्मी उसके पैर से चिपटी हुई है। सखाराम और जोर-जोर से घूँसों से मारे जा रहा है। गाली दिये जा रहा है। चम्पा अलग खड़ी हुई यह सब देख रही है।]

चम्पा : कितना मारोगे। मर जायेगी ऐसे तो!

सखाराम : मर जाय मेरी बला से! पर इसे यहाँ नहीं रहने दूँगा।

[और मारता है।]

चम्पा : और खून हो गया तो फिर मेरा क्या ठिकाना करोगे?

सखाराम : है तो तेरा मरद तेरे लिए ...

चम्पा : मरदवाली होती तो तेरे घर काहे को मरने आती?

सखाराम : *(क्रोध के नये आवेश से लक्ष्मी को फिर मारने लगता है।)* ले बेहया, ले कुतिया साली, जोंक साली ...

चम्पा : *(आगे बढ़कर लक्ष्मी को परे हटा देती है और सखाराम के सामने खुद खड़ी हो जाती है।)* ले मुझे मार, मारना है तो?

[सखाराम हाथ रोककर क्रोध से तड़पता हुआ खड़ा रहता है। चम्पा लक्ष्मी को खड़ा करके

उसके चेहरे पर से उसका हाथ हटाकर देखती है।]

: देखूँ ... राम-राम आँख जरा-सी बच गयी ... पेट में तो नहीं लगा न? पेट के नीचे? चल भीतर चल।

सखाराम : भीतर नहीं ... बाहर ...

[चम्पा लक्ष्मी को अन्दर ले जाने लगती है।]

सखाराम : क्या कह रहा हूँ मैं? सुना नहीं? उसे बाहर कर पहले।

चम्पा : लक्ष्मी। चल भीतर, उसकी फिकर न कर।

[चम्पा लक्ष्मी को लेकर अन्दर चली जाती है। सखाराम क्रोध में कसमसाता हुआ खड़ा है। क्या करे कुछ समझ नहीं पा रहा है।]

सखाराम : चम्पा। उसे बाहर कर! कह रहा हूँ।

[चम्पा लक्ष्मी को अन्दर ले जाकर बिठाती है।]

चम्पा : *(लक्ष्मी से)* बहुत दुख रही है क्या चोट, क्यों? जलन होय रही है? तू बैठ यहीं! उठने का काम नहीं।

[बाहर आती है। लक्ष्मी द्वारा रखी हुई बाल्टी और लोटा उठाकर सखाराम से—]

: चल पानी डाल दें तेरे पैर पे ...

[सखाराम क्रोधित खड़ा है।]

सखाराम : पहले उसे घर से बाहर कर।

[चम्पा खामोश।]

: चम्पा! उसे निकाल पहले इस घर से! हजार दफे कह दिया...

चम्पा : पर हम उसे निकालनेवाली कौन हैं? घर तेरा है तू जाके निकाल तुझे गरज है तो। हम थोड़े ही ले आयी थीं उसे पहली बार?

सखाराम : तो फिर तू बीच में क्यों पड़ी हमारे?

चम्पा : क्यों पड़ी? इसीलिए कि तू तो खून करके जेल की चक्की पीसेगा और हमें यह डेढ़ बित्ते का गड्ढा भरने के लिए हर दफे एक नया गिराहक ढूँढ़ना पड़ेगा। रोज दस जानवरों की नोच-खसोट सहने से अच्छा है कि एक ही जो करता है करे! समझ में आया? चल, अब पैर धो ले। चाय तैयार है।

सखाराम : उससे कह जाके पहले कि चली जाये यहाँ से, मेरा उससे कोई नाता नहीं।

चम्पा : पर वह तेरा क्या बिगाड़ रही है? हमें घर के काम के लिए एक आदमी हो जायगा। अपने बूते तेरा मिजाज और घर का धन्धा दोनों नहीं निभने का। घर का वह देख लेगी। उसे कुछ देना-लेना नहीं। दो जून दो कौर खायेगी और हमारा उतारन पहनेगी। तुझे क्या खल रहा है उसमें?

सखाराम : दो-दो औरत पालना अपने बूते नहीं।

चम्पा : तो हम चली जाती हैं।

सखाराम : नहीं। उसे जाने को कह। उसी को जाना पड़ेगा यहाँ से। नालायक साली—कहती है मरते बखत पाँव की धूल चाहिए।

: *(गरजकर)* लक्ष्मी! निकल जा यहाँ से कह रहा हूँ—फौरन निकल यहाँ से—यहाँ कोई जरूरत नहीं तेरी।

[अन्दर लक्ष्मी सिहर उठती है।]

चम्पा : तू पाँव धोने चलता है कि यह सब यहाँ छोड़ के हम जायँ भीतर?

[सखाराम बेमन से पैर धोने के लिए चम्पा के पीछे-पीछे बाहर जाता है। लक्ष्मी अन्दर दीवार का सहारा लिए हुए खड़ी-खड़ी काँप रही है। बाहर कौवा बोलने लगता है। जल्दी से लक्ष्मी रसोई की खिड़की के पास जाकर उत्सुक हो बाहर देखने लगती है। हाथ-मुँह धोकर पोंछता

हुआ सखाराम तथा उसके पीछे-पीछे चम्पा बाहर के कमरे में जाते हैं। चम्पा लोटा-बाल्टी लिए हुए रसोई में चली जाती है। खिड़की से बाहर देख रही लक्ष्मी को एक नजर देखकर लोटा-बाल्टी रखने के लिए नाली के पास जाती है।]

लक्ष्मी : *(बाहर देखती हुई)* फिर नहीं चिल्लाया।

चम्पा : कौन? सखाराम? कि कौवा?

लक्ष्मी : *(जैसे यह सुनती ही नहीं)* रोज शाम को वह ऐसे ही चिल्लाता है। वही होगा।

[चम्पा प्याले में चाय डालकर बाहर ले जाती है। सखाराम बैठा है।]

सखाराम : *(चम्पा के हाथ से चाय लेकर)* वह गयी कि नहीं?

चम्पा : *(जरा रुककर)* नहीं।

सखाराम : *(प्याला-तश्तरी नीचे रखकर)* नहीं? क्यों?

चम्पा : चाय पी सीधे से।

सखाराम : लगता है तेरे सिर पर भी गरूर चढ़ गया है।

चम्पा : तो क्या करेगा तू? मारेगा हमें?

सखाराम : समय पड़ा तो मारूँगा ही। क्या छोड़ दूँगा?

चम्पा : समय पड़ेगा तो देखी जायेगी। अभी चाय पी। ठण्डी हो रही है।

सखाराम : मैं उसको इस घर में रहने नहीं दूँगा चाहे जो हो।

[चम्पा चाय का प्याला उठाकर उसके मुँह से लगाती है। वह प्याला अपने हाथ से पकड़कर पीने लगता है। नाराजगी के साथ ही।]

सखाराम : एक बार छुटकारा हुआ कि छुटकारा! फिर दुबारा उसे यहाँ आने की जरूरत ही क्या थी? मैं क्या मरद हूँ उसका?

[अन्दर लक्ष्मी धीरे-धीरे काम में जुट गयी है। जरा लँगड़ा रही है।]

चम्पा : दो दिन रहने दो। फिर उससे कह देंगी हम जाने को। कहीं बिचारी के पास ठौर-ठिकाना भी तो नहीं है जहाँ जाये वह?

सखाराम : तो क्या जिन्दगी भर का ठेका ले रखा है उसका? उसे कल ही यहाँ से जाने को कह दे चम्पा! मुझे दुबारा उसका मुँह न दिखायी दे। बेशरम साली। कहती है मरते बखत पाँव की धूल चाहिए।

[कुढ़ता रहता है। चाय खत्म होने पर उसके हाथ से प्याला-तश्तरी लेकर चम्पा रसोई में जाती है। काम करती हुई लक्ष्मी उसके आते ही काम छोड़कर हट जाती है।]

लक्ष्मी : *(भयभीत-सी)* क्या हुआ?

चम्पा : काम कर तू। नहीं तो करेगी क्या? और कोई है क्या देखनेवाला तुझे? पर एक बात याद रख! यहाँ रहना है तो चुप मार के रह! बोलने का काम नहीं।

[बाहर सखाराम कमरे भर में अभी भी बेचैनी से चक्कर काट रहा है। उसी बेचैनी में ताख के पास जाकर बोतल निकालता है, पीता है। फिर न जाने क्या सोचकर मृदंग निकालता है। धूल झाड़ता है। नीचे रखकर कवर उतारता है। और जोर से उस पर थाप मारता है। भीतर लक्ष्मी मृदंग की आवाज से सर्वाङ्ग सिहर उठती है। सखाराम आपे से बाहर होकर मृदंग बजाने लगता है। रसोई में चम्पा और लक्ष्मी काम कर रही हैं। सखाराम बदहवास-सा जोर-जोर से मृदंग बजा रहा है। दाउद आता है। सखाराम का उस पर ध्यान नहीं जाता।]

सखाराम : *(एकाएक दाउद को आया देखकर)* कौन? दाउद? बड़े दिनों बाद आने की फुर्सत मिली। क्यों? क्या हो गया था।

दाउद : कुछ नहीं ऐसे ही। मगर सखाराम भाई। आज मृदंग सुनकर लग रहा है जैसे पुराने दिन फिर लौट आये।

सखाराम : कैसे पुराने दिन?

दाउद : जब वह पंछी था—वह लक्ष्मी।

[सखाराम इस बात के साथ ही मृदंग पर से अपना हाथ खींच लेता है। लक्ष्मी दाउद की आवाज सुनकर रसोई के दरवाजे पर आकर खड़ी हो जाती है।]

लक्ष्मी : *(बिना बोले अपने को रोक नहीं पाती)* दाउद भाई।

दाउद : *(आनन्दित होकर)* अरे। सचमुच! (सखाराम से) क्यों सखाराम भाई। एक से दो पंछी हो गये क्या? कि चम्पा गयी?

साखाराम : *(तीखे स्वर में)* चुप रहो! नहीं तो भाग जाओ यहाँ से! बक-बक मुझे पसन्द नहीं!

[मृदंग फिर पीटने लगता है, बहुत उत्तेजित होकर। दाउद विमूढ़-सा बैठा है। दरवाजे पर लक्ष्मी खड़ी है। रसोई में चुपचाप काम में व्यस्त चम्पा।]

चम्पा : *(लक्ष्मी से)* ए! अब काम भी करेगी—या वहीं खड़ी तमाशा देखेगी तू?

[लक्ष्मी रसोई में आ जाती है और काम में लग जाती है। मृदंग बजाता हुआ सखाराम और बगल में विमूढ़-सा बैठा हुआ दाउद।]

[अन्धकार]

दृश्य पाँचवाँ

[रसोई में हल्का उजाला। रात का अन्तिम प्रहर। दूर कहीं मुर्गे की बाँग। रसोई में रखी चिमनी के उजाले में लक्ष्मी की बड़ी-सी काली परछाईं जो रसोई भर में फैली-पसरी हुई है। लक्ष्मी हल्के हाथ से ताली बजाती हुई धीरे-धीरे बोल रही है।]

["सीताराम सीताराम सीताराम जै सीताराम" धीरे-धीरे स्वर और लय तेज होने लगता है।]

: *(बाहरवाले कमरे के अन्धकार में से सखाराम की आवाज सुनायी देती है।)* अरे क्या हो रहा है यह? बन्द कर यह बक-बक। बन्द कर फौरन!

[लक्ष्मी फिर हल्के हाथ से ताली बजाती हुई सीताराम जै सीताराम बुदबुदाती रहती है।]

सखाराम : बन्द कर नहीं तो गला घोंट दूँगा तेरा! ऐंठ जायेगी इसी दम! साली अच्छी मुसीबत है--

[लक्ष्मी अब भी बुदबुदाती जा रही है 'सीताराम, सीताराम' ताली इतनी हल्की कि सुनायी नहीं दे रही है।]

: चिमनी बन्द कर सो जा चुपचाप। नहीं तो समझ ले अच्छा नहीं होगा! चुप साली! चुप! नहीं तो वह हाथ दूँगा कि खून उगलने लगेगी अभी।

[लक्ष्मी की हल्की तालियाँ और बुदबुदाहट इसके साथ ही रुक जाती है। वह डरी-डरी-सी

उठती है। चिमनी फूँककर बुझाती है। कमरे में पूरी तरह अन्धकार। खिड़की के बाहर दूर से आता हुआ हल्का सा अप्रत्यक्ष आलोक का आभास भर रह जाता है।]

: फिर बोल रही है ... बोलती ही जा रही है ...

[इसके बाद एकदम सन्नाटा। सिर्फ झींगुरों की आवाज और सखाराम की भुनभुनाहट, 'चमरचिट्ट साली मादरचो-' बाहर के कमरे से उठती हुई चम्पा की नशे में डूबी बड़बड़ाहट, तथा गहरी निःश्वास इस सन्नाटे को तोड़ती रहती है। अँधेरी रसोई में लक्ष्मी पहले बदन सिकोड़कर सोने के लिए लेटती है फिर बिस्तर पर ही उठकर बैठ जाती है।]

लक्ष्मी : *(एकदम उत्तेजित होकर फ्रेंटिकली)* सीताराम सीताराम...

[फिर एकदम आवाज दबा लेती है। अँधेरे में खिड़की के बाहर के अप्रत्यक्ष आलोक के धुँधलके में लक्ष्मी की सिर्फ हिलती हुई आकृति दिखती रहती है।]

[पूर्ण अन्धकार]

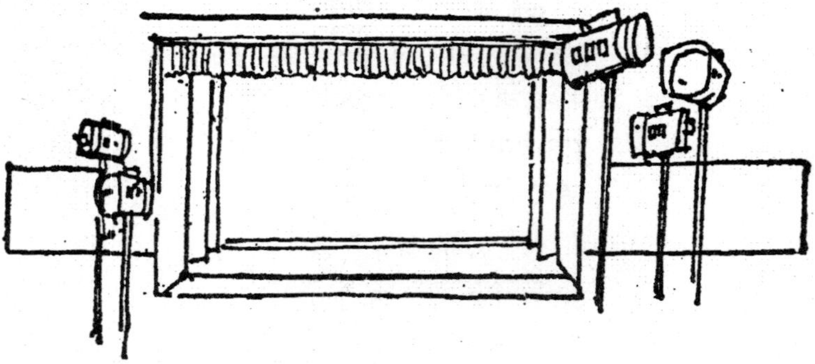

दृश्य छठवाँ

[उजाला। दिन का समय–दुपहर। घर में कोई नहीं है। कुछ क्षण बीतते हैं फिर बाहर से दरवाजे की साँकल कोई हड़बड़ी में खोलता है। दरवाजा खोलकर लक्ष्मी बाहर जाती है। वह जोर–जोर से हाँफ रही है। चेहरे पर कुछ बहुत भयंकर घटित हो जाने का–सा भाव। पहले वह भागकर रसोई में जाती है फिर लौटकर जल्दी से बाहर दरवाजे के पास आती है। झपटकर कुण्डी बन्द करती है। फिर रसोई में भगवान की तस्वीर के पास जाती है। बैठती है। बहुत जोर से हाँफ रही है जैसे जान निकली जा रही हो।]

लक्ष्मी : *(हाँफती हुई भगवान की तस्वीर से)* तुम्हें ... मालूम है? मालूम है तुम्हें? कुछ जाना? ओफ! ... भयानक ... बहुत ही भयंकर! मुझे तो ... लग रहा था कि बस चक्कर खाके गिर ही पड़ूँगी ... बाप रे ... उई अम्मा रे ... क्या था वह ... क्या था वह बोलो! हाय अब क्या करूँ मैं ... मेरे तो कुछ समझ नहीं आ रही है ... देखो न भगवान! कितना भयानक ... सीताराम सीताराम ... हाय दैया रे वह चम्पा ... उस मुसलमान के पास ... उई रे अम्माँ!

[फिर हाँफती रहती है]

: उसके पीछे–पीछे न जाती तो अच्छा होता! मगर जी नहीं माना। *(अपने मुँह पर तड़ातड़ मारती हुई)* क्यों नहीं माना जी?

: क्यों गयी मैं? मगर क्यों गयी बताऊँ? मुझे शक पड़ रहा था पिछले हफ्ते भर से यह जाती कहाँ है? इसलिए आज उसके पीछे-पीछे चली गयी मैं। जो करम में था वह आदमी फला नहीं। इसको पति मानके पूजा। यहाँ से चली गयी तो भी मन-ही-मन इनकी पूजा किया करती थी।

: यह देखो। *(ब्लाउज में से डोरे में पिरोया मंगलसूत्र निकालकर)* यह मंगलसूत्र उनके नाम पर। मैं उनकी हूँ! लात-घूँसा खाऊँगी पर उनको नहीं छोड़ूँगी। उनके पाँव पर सिर रखकर मर जाऊँगी। *(क्षुब्ध स्वर में)* उनके साथ इसका यह व्यवहार? उनके पीछे उस मुसलमान के पास ...

[थूक निगलती है]

: सहा नहीं जाता भगवान! इससे तो अच्छा मैं मर जाती। कितना बड़ा पाप। यह मर के कौन से नरक में जायेगी? अपने साथ इनको भी ले डूबी *(सिहरती है)* दैय्या रे। घर में दोनों कितनी ढेर दारू पीते हैं ... न दिन का पता न रात का ... मैं थी तो यह सब-कुछ नहीं था। मैं यह सब कभी न होने देती ... और अब तो ... अब मैं कैसे क्या करूँ ... उनको तो इसके यह सब चरित्तर मालूम भी नहीं हैं ... वह विचारे जानते भी न होंगे कि यह उस मुसलमान के पास ...

[सर्वाङ्ग सिहरती है]

: छिः छिः याद करके ही जी मचला रहा है–

[मुँह पर हाथ रखकर दबाती है। बाहर के दरवाजे पर खटखटाहट]

: *(भयभीत होकर)* हाय राम आ गयी लगता है। अब क्या करूँ?

[जल्दी-जल्दी तस्वीर के आगे माथा रगड़ती है। बाहर के कमरे में आकर दरवाजा खोलती है। खोलकर अन्दर को जाने लगती है। चम्पा का आदमी झुका हुआ दरवाजे से अन्दर आता है। अब और अधिक विद्रूप हो उठा है। पैर में कुछ नहीं है। चेहरे पर चोट का निशान।]

व्यक्ति : चम्पा ... ए ... चम्पा।

[अन्दर जा रही लक्ष्मी यह सुनकर चौंकती है और वहीं रुक जाती है।]

: चम्पे ... मैं आ गया ... मार न मुझे ... मुझे मार ... तेरे हाथ मरने को आया हूँ चम्पे। यहाँ से अब मरके ही जाऊँगा! सुना चम्पा!

[लक्ष्मी मुड़कर देखती है।]

: हाय तू चम्पा नहीं है? तू तो कोई और है। चम्पा कहाँ गयी फिर? कहाँ गयी? हाय चम्पा कहाँ गयी? चम्पा ...

[आँखें बन्दकर के हताश-सा नीचे बैठ जाता है।]

लक्ष्मी : *(यह सब देखकर बहुत भयभीत है)* कौन हो तुम? कौन हो बोलो *(जल्दी से अन्दर से थोड़ा पानी लाकर उसे देती है)* लो, यह पानी पी लो पहले। लो पियो।

: *(वह एक साँस में सारा पानी पी जाता है)* कौन हो तुम? चम्पा के ...

वह व्यक्ति : चम्पा का आदमी।

[लक्ष्मी सिहर उठती है।]

: कहाँ चली गयी चम्पा? मुझे मेरी चम्पा ला दे! आज उसके हाथों मरूँगा! मरने आया हूँ मैं। चम्पा ...

लक्ष्मी : घर में नहीं है। कहाँ से आये हो तुम?

[वह सिर्फ हाथ के इशारे से जताता है 'क्या पता'।]

: कहाँ रहते हो?

वह व्यक्ति : सड़क पर, नाले में, मरघट में *(रोता है)* कहीं भी ...

लक्ष्मी : *(उसके पास जाये बिना अपने को रोक नहीं पाती)* ऐसे रोओ मत। आदमियों को यह अच्छा नहीं लगता। इत्ते बड़े होकर रोते हैं कोई? क्या हुआ है तुम्हें? बुखार है क्या?

[उसका बदन छूती है और तुरन्त ही हाथ हटा लेती है।]

: नहीं तो। फिर क्या बात है? भूख लगी है क्या? रुको! देखती हूँ कुछ है क्या खाने को।

[रसोई में जाती है। एक कटोरी में जल्दी से कुछ डालकर ले आती है। इस बीच वह जेब में से बोतल निकालकर जल्दी से घूँट भर लेता है और बोतल जल्दी से जेब में रख लेता है।]

: लो खा लो ये।

[कटोरी उसके सामने रखती है। यह वैसे ही बैठा रहता है।]

: रुको अच्छा! मुँह खराब हो गया होगा तुम्हारा!

[अन्दर जाकर पानी और एक अँगोछा लेकर आती है।]

: धो लो इससे। यह लो। कुल्ला कर लो।

[वह उसी तरह बैठा हुआ है।]

: हाय दैय्या! पेट में कुछ भी नहीं है तुम्हारे?

[साहस करके अपने हाथ से उसका चेहरा पोंछती है।]

: कैसे आदमी हो। लो अब खाओ। अच्छी तरह से बैठ जाओ पहले।

[वह हिलता भी नहीं।]

: अपने हाथ से खाने की ताकत नहीं है?

[स्वयं खिलाने लगती है।]

: हाँ, ये लो, खा लो। दो कौर जायेगा पेट में तो जरा अच्छा लगेगा समझे! दारू पीना भी अच्छा नहीं है। क्या धरा है उसमें? वही गन्दी सड़ी-गली सब चीजें, छिः!

वह व्यक्ति : पानी ...

लक्ष्मी : पानी? रुको, अभी ले आती हूँ।

[अन्दर जाती है। वह व्यक्ति फिर जेब से बोतल निकालकर जल्दी-जल्दी दो-तीन घूँट गले के नीचे उतारता है और बोतल फिर जेब में रख लेता है। लक्ष्मी पानी लेकर आती है।]

: लो पानी पी लो।

[अपने हाथ से पिलाती है।]

: अभी भी हिम्मत नहीं है? कैसी गत बना रखी है! चम्पा तो बुरी है पर उसके पीछे तुम क्यों?

[उसका चेहरा देखती हुई।]

: यहाँ यह चोट कैसे लग गयी?

वह व्यक्ति : उसने ... उसने मारा है।

लक्ष्मी : किसने? चम्पा ने?

[वह सिर हिलाकर हामी भरता है। सुनकर लक्ष्मी स्तम्भित हो उठती है।]

: यहाँ पहले आ चुके हो तुम?

[वह सिर हिलाकर हाँ करता है।]

: मार के उसने तुमको बाहर निकाल दिया? बाप रे ... औरत है कि डाइन! और तुम भी कैसे हो। तुमने उससे

मार कैसे खा ली? अच्छे-भले पाँच हाथ के आदमी हो के मार खा ली औरत से?

वह व्यक्ति : नहीं ... मुझे और मार चाहिए ... उसके हाथ से मर जाऊँगा ... मुझे अब जीना नहीं है ... क्या करूँ जी के? नौकरी चली गयी, ... औरत चली गयी ... घर चला गया ... क्या बचा अब?

[रोता है।]

लक्ष्मी : अच्छा अब चुप भी हो जाओ। कहीं कोई सुन लेगा।

[अनजाने में उसके मुँह पर हाथ रखती है।]

: वह अब आती ही होगी। कहाँ गयी है मालूम है तुम्हें?

[बताये या न बताये इस असमंजस में कुछ क्षण चुप रहकर।]

: अच्छा जाने दो। तुम्हें और दुःख लगेगा। तुम यहाँ से अब चले जाओ।

[वह वैसे ही बैठा है।]

: कहीं वह आ गयी तो बवाल मचायेगी। उठो अब।

[वह वैसे ही बैठा रहता है।]

: उठो। जाओ।

[उसे सहारा देकर उठाने लगती है। वह जान-बूझकर लक्ष्मी पर अपना भार डाल देता है। फिर किसी तरह खड़ा हो जाता है।]

: जाओ! जी करे तो बाद में फिर चले आना। पर वह न रहे तब आना! मैं तुमको खाना दूँगी। उसके रहते न आना। अच्छा जाओ अब!

[उसे लगभग ढकेलकर बाहर करती है पीछे-पीछे स्वयं भी जाती है ... वापस आती है। क्रोध से दाँत पीसकर।]

: पापिन! चण्डालिन! कभी भला नहीं होगा तेरा। अपने आदमी को छोड़के दूसरे को फँसाया और अब तीसरे से 'विभिचार' करती घूमती है। छिः छिः छिः। ऊपर से आदमी पे हाथ उठाती है राम–राम–सीताराम?

[अन्दर कमरे में रखी भगवान की तस्वीर के पास तेजी से भाग के जाती है।]

: देखा तुमने? ...*(आँखें बन्द करके)* सीताराम ... सीताराम ...

[अन्धकार]

दृश्य सातवाँ

[उजाला। शाम का समय। रसोई में चम्पा। लक्ष्मी सिर और कमर पर पानी से भरे हुए घड़े लेकर अन्दर आती है। किसी तरह कमरवाले घड़े को उतारकर नीचे रखती है फिर सिरवाले को भी उतारकर राहत से 'हुश्श' करती है। जैसे यह काम उसके बूते से बाहर थे। वह पहले से भी ज्यादा कमजोर लग रही है। चम्पा एक बार नजर उठाकर उसे देखती है फिर अपने काम में लग जाती है। लक्ष्मी एक-एक करके दोनों घड़े रसोई की नाली के पास रखती है। फिर दूसरे कामों में जुट जाती है।]

चम्पा : एई! आजकल दुपहरी में कौन आता है घर पे?

लक्ष्मी : कौन?

चम्पा : हमें का पता कौन? घर पे तो तू रहती है!

लक्ष्मी : *(जवाब टालने के लिए)* कौन आयेगा ...

चम्पा : हमारा मरद कित्ती दफा आ चुका घर पे?

लक्ष्मी : *(घबरा जाती है)* मरद ...?

चम्पा : एई देख! झूठ तुमसे बनेगा नहीं। सच्ची बात जो है वह झट से बता दे हमें।

लक्ष्मी : तीन दफे।

चम्पा : काहे को घुसने दिया हरामी को घर में?

लक्ष्मी : *(घबरायी हुई)* वह ... उसकी तबीयत अच्छी नहीं थी। फिर मुझे क्या मालूम कि वह कौन है! और जब वह अपने से आता था तो बाहर कैसे ढकेल देती?

चम्पा : हमारे आने के पहले कैसे चला जाता रहा घर से?

लक्ष्मी : वह...वह अपने से ही चला जाता था...हाँ...सच कहती हूँ।

चम्पा : तूने हमें बताया क्यों नहीं कि वह आता है?

लक्ष्मी : मैं ... *(बहुत घबरायी हुई है)* मैंने ... मैंने सोचा ... बताऊँ कि न बताऊँ ...

चम्पा : *(उसके सामने जाकर कमर पर हाथ रखकर खड़ी हो जाती है)* एई! हमसे चार सौ बीसी न कर, बताये देती हूँ।

[लक्ष्मी इस पर कुछ जबाब देने को है पर हिम्मत नहीं पड़ती।]

: सीधे से रहना हो तो रह यहाँ। हमीं ने रखा है तो रह पायी है यहाँ। याद है कि नहीं? उस हरामजादे को फिर से घर के भीतर घुसने न देना कहे देती हैं हम। नहीं तो तेरी भी हड्डी-पसली एक कर देंगी हम समझी रह।

[लक्ष्मी खड़ी-खड़ी काँप जाती है। उसे कोई बात बहुत जोर से चिल्लाकर चम्पा से कहनी है पर वह साहस नहीं कर पा रही है। चम्पा उसके सामने से हटकर फिर से चूल्हे के पास बैठकर काम में लग जाती है।]

: जा पीछेवाले दरवाजे पे झाड़ू लगा आ जाके।

[लक्ष्मी झाड़ू लेकर चली जाती है चम्पा चूल्हे के पास काम में व्यस्त है।]

[अन्धकार]

दृश्य आठवाँ

[उजाला। दोपहर का समय। लक्ष्मी भगवान की तस्वीर के पास। घर में और कोई नहीं है।]

लक्ष्मी : *(तस्वीर से)* सीताराम! सीताराम! देखा भगवान? देखा कुलच्छनी को? अपने आदमी का आना भी बन्द कर दिया। उसे सहारा मिल रहा था ना इसीलिए। मैं उसकी तबीयत अच्छी कर देती। मगर इसको फिर वह भारी पड़ता। सीधा है बिचारा। यही छोड़के आ गयी उसको। मिला-मिलाया अपने से छोड़ दिया। वह इसको अपने घर ले जाने को कहता है पर यह नहीं जाना चाहती। उसके रहते गुरछर्रे कैसे उड़ायेगी। यह तो चाहती होगी कि वह मर जाये। यह ऐसी-वैसी नहीं है। बड़ी पक्की है। पापी है पापी मुझे धमका रही थी। क्या कर लेंगी मेरा? मैं पापी नहीं हूँ! मेरा चरित्र खरा है, इसकी तरह नहीं। मैं हमेशा धरम-करम से रहती हूँ। मेरा क्या कर लेगी वह? तो अभी भी वहीं होगी उसी मुसलमटे के पास...

[थूक निगलती है।]

: उसको कभी क्षमा नहीं करना भगवान कहे देती हूँ। बहुत बुरी है वह।

[यह कहते-कहते क्रमशः अन्धकार।]

दृश्य नवाँ

[उजाला। रात का समय। रसोई में लक्ष्मी और चम्पा। लक्ष्मी भगवान की तस्वीर के आगे स्तोत्र की फटी हुई पुस्तिका पढ़ रही है। चम्पा चूल्हे के पास बैठी हुई तरकारी काट रही है। बाहर के कमरे में सखाराम चिलम सुलगाये हुए दम मार रहा है। पास में रखा हुआ मृदंग और कुछ हटकर बिछावन।]

सखाराम : चम्पा!

चम्पा : *(नाराजगी से)* आयी।

[चम्पा अपना काम उसी तरह करती रहती है। लक्ष्मी उसकी तरफ एक निगाह देखकर फिर स्तोत्र पढ़ने लगती है।]

सखाराम : चम्पा! क्या कर रही है?

चम्पा : *(ठण्डे स्वर में)* तरकारी काटके धर रही हैं सवेरे के लिए।

सखाराम : वह सवेरे कट जायगी। सोने चल अब।

[चम्पा सब्जी काटती ही रहती है। लक्ष्मी सारी बातें सुन-समझ रही है पर अब वह उस तरफ देखना टालती है।]

सखाराम : *(आवाज में कठोरता)* चम्पा ...

[चम्पा सब्जी काटना रोककर, सामान सारा पटककर रखती है। उठकर हाथ धोती है और आँचल में पोंछती हुई बाहर के कमरे में आती है।]

: यह दरवाजा बन्द कर बीचवाला और बत्ती बुझा दे।

[चम्पा जानबूझकर देर लगाकर दोनों काम करती है। बिस्तर के करीब जाती है। रसोई में लक्ष्मी का ध्यान स्तोत्र से अब उचट गया है। ध्यान बाहर के कमरे में। सखाराम बिस्तर के पास जाता है। चम्पा बैठी हुई है।]

: चल। सो चलकर।

[वह बैठी ही हुई है। सखाराम जबरन उसे बिस्तर में लिटा देता है। लक्ष्मी रसोई में टहलती रहती है। सखाराम उससे कर्कश स्वर में।]

: ए भीतरवाली बत्ती बन्द कर फौरन।

[लक्ष्मी जल्दी से चिमनी फूँक देती है। एकदम अन्धकार।

कुछ देर सब उसी तरह। फिर सहसा कुछ धर-पकड़ कुछ स्कफुल होने की आवाजें बाहर के कमरे से उठने लगती हैं।]

चम्पा : *(कठोर स्वर में)* नहीं...नहीं...आज नहीं...नहीं...

सखाराम : चम्पा ... सीधे से ...

चम्पा : नहीं। दूर हट पहले...हट...उधर हट...जा उधर...जा नहीं तो ...

सखाराम : *(वेदना से एक चीत्कार)* ओह ... साली मादरचो ... ठहर बताता हूँ तुझे ...

चम्पा : बदन को हाथ न लगा हमारे, कह देती है। ... दूर ... हटता है कि नहीं ... दूर ... दूर ...

[यह तू-तू मैं-मैं बढ़ती है फिर चम्पा की पाशविक चीत्कार। अन्धकार में वह झटके से उठकर बिस्तर से बाहर आयी हुई दिखायी देती है। रसोई में लक्ष्मी की छाया स्तब्ध बैठी हुई दिखती है। सखाराम की छायाकृति बिस्तर से उठती है।]

सखाराम : *(चम्पा की ओर खूँखार जानवर की तरह बढ़ता हुआ)* चल ... किसे चोंचले दिखा रही है तू ... सड़क पर पड़ी थी ... मैंने खाने का ठिकाना किया तेरा ... चल पहले ... चल ...

चम्पा : हम चिल्ला के गाँव इकट्ठा कर लेंगी, बताये देती हैं। हमें तकलीफ होती है।

सखाराम : हुआ करे साली! इस घर में मेरी इच्छा चलेगी–तेरी नहीं ...

चम्पा : हमसे सहा नहीं जाता अब।

सखाराम : तेरी ऐसी की तैसी। तेरी नखरे उठाने के लिए नहीं लाया हूँ तुझे यहाँ ... चल पहले ... चल ... चल इधर ...

चम्पा : *(उसे झिड़ककर)* नहीं! हट यहाँ से! तू जब तक मरद था तब तक सह लिया तुझे अपने पे ... अब छूने भी न देंगी।

सखाराम : चम्पे ...

चम्पा : हाँ-हाँ, चिल्ला जित्ता चिल्लाना हो। हमसे अब नहीं सहा जाता। जी नहीं मानता तो जाके अलग पड़ा रहा कर। पिछले कित्ते दफे तो हुआ! तुझसे कुछ बनता-बनाता नहीं। उधर भीतर जरा-सी खटखट हुई कि ढीला पड़ जाता है तू, क्यों झूठ कह रही हैं हम?

सखाराम : चम्पे...

चम्पा : अरे चम्पे-चम्पे क्या चिल्ला रहा है रे मुरदे! तू अब मरद नहीं रहा! तू हिजड़ा है हिजड़ा! पौने आठ साला! हरामी! जा, काशी जा के गंगा किनारे बैठ। हमारे रास्ते में न आ कहे देती हैं...

सखाराम : मुँह सँभालकर बोल चम्पे ... बहुत बुरा आदमी हूँ मैं...

चम्पा : अरे जा जा धौंस किसे दिखा रहा है? उसी लक्ष्मी को दिखा अपनी धौंस ... हम वैसी नहीं ...

सखाराम : हस्साली मादरचो ...

[चम्पा पर झपटती हुई सखाराम की धुँधली-सी परछाईं। अन्धकार में हाथापायी। रसोई में लक्ष्मी स्तब्ध खड़ी हुई है। बाहर के कमरे में चम्पा चीखने को है कि वह सखाराम उसका मुँह दबाकर चीख रोक देता है। सखाराम की गुर्राहट। उठापटक। चम्पा चिंघाड़ भरी कराह। बिलखना। सखाराम के शब्द।]

: पी साली! पी! पी और पी–खोल मुँह ... थूक रही है ... स्साली मादरचो- ... पी ... पियेगी ... कि पी ...

[उठापटक अब बन्द हो गयी है। स्तब्धिता। सिर्फ चम्पा की एक गहरी निःश्वास। सखाराम की अस्पष्ट बर्राहट। शेष सन्नाटा। रसोई के बन्द दरवाजे के पास बेचैन खड़ी हुई लक्ष्मी की आकृति। फिर पूर्ण अन्धकार।]

दृश्य दसवाँ

[अन्धकार कम होता है। बिछावन पर से चम्पा की अस्पष्ट बड़बड़ाहट सुनायी दे रही है। सखाराम उठता है फिर बीच के दरवाजे के पास जाता है। कुण्डी खोलता है। आहट होते ही लक्ष्मी झटके से उठकर खड़ी हो जाती है। हड़बड़ाकर जल्दी से दीया जलाती है। दरवाजे पर सखाराम खड़ा है। क्रोध से उसे देख-देखकर।]

सखाराम : बाहर निकल यहाँ से। जा ... अभी जा यहाँ से ...

[लक्ष्मी बुरी तरह भयभीत होकर काँपती है।]

: तेरे कारण उसने नामरद कहा मुझे। हरामजादी। दुनिया में तुझे कोई पूछनेवाला नहीं तो मेरी छाती पर क्यों आकर बैठ गयी? मर क्यों नहीं गयी? मैं क्या लगता था तेरा? अपना धरम-करम लेकर भले ही कहीं मर-खप जाती। मुझे दरद न होता। भगवान के बाप का भी करजदार नहीं हूँ मैं। अपने लिए मैं खुद काफी हूँ। ब्राह्मण के घर जनम लेकर भी चमार की औलाद हूँ। साली क्यों आयी तू यहाँ पर? क्यों बैठ गयी यहाँ आकर? जा अभी निकल यहाँ से। उठा अपना झोला-झण्डा, उठा! जा यहाँ से जा! मैं पहुँचा दूँगा तेरी गठरी-मुठरी। तू निकल यहाँ से, पहले। जा कह रहा हूँ—चली जा यहाँ से। मादरचो- सुन रही है कि नहीं?

लक्ष्मी : *(जैसे-तैसे)* सवेरे तक कम-से-कम ...

सखाराम : नहीं, अभी, इसी बखत। मैं अपने ही तरीके से रहूँगा। तू या तेरी पूजा-पाटी की हमारे घर जरूरत नहीं। उठा तस्वीर वह ... उठाती है कि मारूँ एक लात ...

[वह हड़बड़ाकर जल्दी से उठाकर छाती से चिपका लेती है।]

लक्ष्मी : भगवान को क्यों ...

सखाराम : फिर इस घर में ले क्यों आयी उसे। साला, तेरे बहाने मेरे घर घुस आया हरामखोर!

लक्ष्मी : ऐसे न बोलो–

सखाराम : जा जा, मैं नहीं डरता उससे। मजे से जी रहा हूँ ... अपने तरीके से। अपनी मर्जी से जी रहा हूँ। मजे में राजा की तरह जिन्दगी बिता रहा हूँ। किसी को धोखा नहीं दिया आज तक। किसी से झूठ-फरेब नहीं किया। मैं क्यों डरूँ किसी से? ये तेरा ठाकुर-फाकुर क्या कर लेगा मेरा। जा तू ... निकल यहाँ से पहले ... जा ... निकल घर से ...

लक्ष्मी : *(और कोई रास्ता नहीं है यह जानकर काँपते हाथों अपना सामान एकत्र करने लगती है)* सवेरे ... चली जाती ...

[सखाराम का आक्रामक पैंतरा देखकर बहुत भयभीत होकर।]

: नहीं नहीं–जाती हूँ–अभी ही जा रही हूँ ...

[सारी चीजें समेटकर उठाती है। सखाराम के पास आती है। एकाएक उसके पैर पर झुकती है।]

सखाराम : *(उसे लात मारकर)* बाहर चल ...

[लक्ष्मी बुरी तरह भयभीत होकर काँपती है। बहुत दीन-हीन हो उठती है। सिमटी-सकुची बाहर के कमरे में आती है। दरवाजे के पास

तक जाती है। पीछे-पीछे सखाराम है। वह उसके पैर पर फिर झुकती है। सखाराम पीछे हटकर ...।]

: हट मेरा कोई नाता नहीं तुझसे ... जा भाग नहीं वह लात लगाऊँगा पेट में कि खून उगल देगी!

[लक्ष्मी काँपते हाथों से दरवाजा खोलने लगती है। फिर ठिठकती है।]

लक्ष्मी : मैं जाती हूँ पर एक बात कहना है ...

सखाराम : कुछ कहने की जरूरत नहीं है ...

लक्ष्मी : अपनी नहीं। तुम्हारे फायदे की ...

सखाराम : कुछ सुनना नहीं है मुझे!

लक्ष्मी : मैं ... मैं ठहरूँगी नहीं ... कहकर झटपट चली जाऊँगी–बात तुम्हारे फायदे की ...?

सखाराम : *(जरा रुककर)* क्या है ...

लक्ष्मी : *(बेहोश चम्पा की तरफ उँगली से इशारा करके)* वह ... वह अच्छी नहीं है ...

सखाराम : यह मैं देख लूँगा ...

लक्ष्मी : तुम्हें धोखा देती है वह ...

सखाराम : तुझसे मुझे यह सब नहीं सुनना है ... निकल तू ...

लक्ष्मी : वह ... उस मुसलमान के पास जाती है ... रोज ...

सखाराम : क्या? मुसलमान के पास?

लक्ष्मी : हाँ ... दाउद ... दाउद के पास ...

सखाराम : *(आगे बढ़कर उसके मुँह पर थप्पड़ लगाता है)* मुँह तोड़ दूँगा।

लक्ष्मी : मैंने देखा है...अपनी आँख से...भगवान की कसम हूँ ...

[सखाराम लक्ष्मी पर आपे से बाहर होकर टूट पड़ता है–उसे बेतहाशा मारने लगता है–वह

लोंदे जैसी गिर पड़ती है। चम्पा बेहोशी में बड़बड़ा रही है।]

चम्पा : *(अस्पष्ट)* दूर हट मुरदे ... दूर हट तू ... हट साले हिंजड़े हट ... नामरद ... हट केंचुए ... हमें न सता ...

सखाराम : *(लक्ष्मी को एक और लात जमाकर)* हूँ! *(फिर किसी सनक में उसे उठाकर बैठाता हुआ)* बोल फिर से ... फिर से कह के देख ...

लक्ष्मी : *(उसी तरह पड़ी हुई)* सच है...सच है...कसम खाती हूँ मैं... यह जीभ झूठ कभी भी नहीं बोली...तुम्हें धोखा दे रही है... चम्पा...हाँ दाउद...दाउद के साथ वह...दुपहर में...जब तुम प्रेस में रहते हो...मैंने देखा है अपनी आँख से...अपनी आँख से देखा है।

[सखाराम उसे अत्यन्त क्रोध में भरकर जोर से ढकेलता है और तीर की तेजी से बाहर चला जाता है। लक्ष्मी की कराह। चम्पा की बेहोशी में बड़बड़ाहट। दूर कहीं कुत्ते के भूँकने की आवाज।]

[अन्धकार]

दृश्य ग्यारहवाँ

[अन्धकार हल्का होता है। लक्ष्मी दीवार से टेक लगाये निश्चल बैठी हुई है। तस्वीर सामने रखी है। बीच-बीच में कराहती जा रही है। सखाराम दरवाजे से भीतर जाता है। दरवाजा बन्द कर लेता है। लक्ष्मी को देखता है। फिर उसको एक लात मारता है। वह दर्द से छटपटाकर बिलखती है। सखाराम चिढ़कर फिर सीधे चम्पा के बिछावन के पास जाता है। एक क्षण खड़ा-खड़ा उसे देखता है फिर झटके से नीचे बैठता है और क्रोध से बेहाल, गरजता हुआ चम्पा की गर्दन दोनों हाथों से पकड़कर पूरी ताकत से दबाता है। चम्पा की दमघुटी-सी अस्पष्ट आवाज कुछ देर तक आती है फिर बन्द हो जाती है। मगर सखाराम बार-बार उसकी गर्दन मरोड़ता ही रहता है। फिर निश्चेष्ट पड़ी चम्पा की तरफ क्षणभर देखता है। एकाएक भय से सिहर उठता है।]

सखाराम : *(घबराया हुआ अस्पष्ट)* खून! (स्पष्ट) खून (अस्पष्ट) खून ...

सखाराम : खून ... खून ...

[लक्ष्मी घिसटती हुई तेजी से चम्पा और सखाराम की ओर बढ़ती है। एक बार चम्पा की निश्चेष्ट पड़ी हुई देह को और एक बार सखाराम को घबराकर देखती हुई।]

सखाराम : *(दहशत से)* खून ... खून कर दिया मैंने ... खून ... खून ... कर दिया।

लक्ष्मी : *(एकाएक साहस करके)* शशश ... चिल्लाओ नहीं! बिल्कुल नहीं!

[निश्चेष्ट पड़ी चम्पा को दखती हुई।]

: चलों कोई बात नहीं। पापी तो थी ही मर के नरक में ही जायेगी। मैं तो पुण्यवान् हूँ। मेरे पास बहुत पुण्य हैं। मैं तुम्हारे साथ रहूँगी। तुम्हारी देखभाल ठीक से करूँगी मैं। तुम्हारी गोद में मरूँगी। तुम डरो नहीं। हाँ सच। चलो, हम लोग इसको जल्दी से गाड़ दें चलके–कहीं पर? बाहर नहीं ... बाहर नहीं ... यहीं पर ... घर के भीतर ही। ... कह देना कि भाग गयी घर से ... कोई कुछ पूछेगा नहीं ... पर कोई पूछेगा तो मैं कह दूँगी उसे कि वह भाग गयी ... अपने से चली गयी ... मैं भगवान की कसम खाकर कह दूँगी। उसे सब पता है। वह तुम्हें पाप नहीं लगने देगा। मैं उससे कह दूँगी कि वह मेरा पुण्य तुम्हें दे दे। तुम्हारे लिए सब करूँगी मैं ... हाँ ...

[जल्दी से तस्वीर पर माथा टेककर नमस्कार करती है। सखाराम के माथे से भी तस्वीर लगाती है। वह निश्चल है। लक्ष्मी तस्वीर को नीचे रखकर बार-बार उस पर अपना माथा घिसती है। आँखें बन्द कर प्रार्थना करती है।]

: *(आँख खोलकर)* चलो ... उठो अब। काम में लगो। बगिया से कुदाल ले आओ जाके। मैं रसोई में जगह खाली करती हूँ। देर न करो। सवेरा हो जायेगा तो बात फैल जायगी। रात भगवान की होती है। उसी का राज रहता है। आदमी दुष्ट होते हैं, पापी होते हैं, नीच होते हैं ... जैसे यह थी। चलो; दिन होने से पहले ही सब काम

खत्म कर दें हम लोग। चलो भगवान का हाथ मेरे ऊपर है।

[भगवान की तस्वीर की तरफ इशारा करती है।]

: चलो उठो न। देरी न करो ... डरो नहीं ... मैं पुण्यवान् हूँ वह तो पापी थी। मैंने कभी किसी से बुरा बर्ताव नहीं किया। चींटी-चींटे के साथ भी नहीं।

[मंगलसूत्र निकालकर दिखाती है।]

: यह देखो ... देखो ... तुम्हारे नाम पर बाँधा है आज तक। पहले जिसने पहनाया था, उसने खुद तोड़ दिया था; मैंने नहीं तोड़ा था। इसने अपने मरद को छोड़ दिया, तुमको धोखा दिया। उसका कभी भी भला नहीं होगा ... तुम अच्छे हो। भगवान तुम्हें क्षमा करेंगे। मैं कह दूँगी उनसे। मेरी सुनेंगे। रुको, मैं ही ले आती हूँ कुदाल। तुम बैठे रहो अभी आती हूँ मैं ...

[घिसटती-लँगड़ाती बाहर के अँधेरे में जाती है। विचित्र धैर्य से कुदाल लिए हुए आती है। सखाराम के हाथ में देती है।]

: लो ... चलो ... रसोई में चलो ...

[सखाराम आँखें फाड़े हुए निश्चेष्ट चम्पा को देखे जा रहा है। लक्ष्मी उठती है। पास पड़ी हुई चादर उठाती है। चम्पा का शरीर चेहरे तक ढक देती है।]

: लो, हो गया ना? अब कुलच्छनी से छुट्टी मिल गयी। अब तो इसकी आत्मा नरक में पहुँच भी गयी होगी। भगवान को न्याय करने में कब देर लगती है! *(चम्पा की देह की ओर देखकर तुच्छता से)* पापिन।

[फिर सखाराम का हाथ पकड़कर।]

: उठो! अन्दर चलो जल्दी। सवेरा होने से पहले अब पहले जैसा कर दो! किसी को पता नहीं चलेगा फिर। मैं कह दूँगी सबको कि भाग गयी घर से ...

[सखाराम अब बेजान-सा उठता है। लक्ष्मी उसे रसोई में ले जाती है। कुदाल थमाती है।]

: हाँ लो। लो यह। खोदो गड्ढा। *(सखाराम निश्चल और अवाक् खड़ा है)* खोदो न?

[सखाराम उसी तरह खड़ा है। कमजोर और चोटिल लक्ष्मी स्वयं कुदाल लेकर पूरी ताकत से गड्ढा खोदने लगती है। एक के बाद एक आघात धरती पर होता रहता है। हर आघात के साथ लक्ष्मी की हुँकार। अचानक दरवाजे पर थपथपाहट होने लगती है। सखाराम बहुत भयभीत और दयनीय। लक्ष्मी तनकर खड़ी हो जाती है। खटखटाहट सुनती है ध्यान से।]

चम्पा का पति : *(बाहर से दरवाजा खटखटाता हुआ नशे में डूबी आवाज में)* चम्पा! चम्पा! चम्पा तू कहाँ है? मुझे मार डाल चम्पा! चम्पा! दरवाजा खोल चम्पा! मैं आ गया; मुझे मार डाल चम्पा! मार न! चम्पा-चम्पू रे ...

लक्ष्मी : *(घबराये सखाराम से)* वही ... उसका मरद! थोड़ी देर खटखटायेगा फिर अपने रास्ते चला जायेगा। तुम बेफिकर रहो।

फिर पूरी शक्ति से गड्ढा खोदने लगती है। वह एक विशेष वेग से कुदाल चला रही है। उसकी कुदाल का एक के बाद एक पड़ता हुआ आघात। साथ-साथ उसकी दबी हुई हुँकार। बाहर के दरवाजे पर थपथपाहट। चम्पा के पति की क्षीण होती हुई पुकार।

चम्पा का पति : चम्पा ... चम्पा ... चम्पू रे। तू कहाँ है चम्पा? चम्पा मैं आया हूँ ... दरवाजा खोल चम्पा ... चम्पू रे ...

[लक्ष्मी की बगल में खड़ा बेजान-सा सखाराम। जैसे उसका सारा रस निचुड़ चुका है। बाहर के कमरे में सिर तक चादर से ढकी हुई चम्पा की निश्चेष्ट देह। बाहर चम्पा के पति का उसके नाम पर एकसुरा अभद्र रुदन अब शुरू हो गया है। भयावह और क्षीण वह चलता ही रहता है। रात का अन्धकार।]

[परदा]